> " *Blumen sind*
> *das Lächeln der Natur.*
> *Es geht auch ohne sie,*
> *aber nicht so gut.* "
>
> Max Reger

Karin Heimberger-Preisler

Gärten der Achtsamkeit

Orte der Ruhe
gestalten und genießen

Deutsche Verlags-Anstalt

Wasser

Quelle des Lebens

Pflanzen

Wunder der Natur

Die innere Mitte finden

Ein Menschheitstraum

Verschiedene Kulturen, ein Ziel

Achtsamkeit bedeutet ein Leben im Hier und Jetzt. Unser Garten kann uns ein wertvoller Begleiter sein, den Augenblick wertzuschätzen.

Stellt man sich einen Meditationsgarten vor, haben die meisten vermutlich einen minimalistischen Zen-Garten vor Augen. Aber es sind nicht nur japanische Mönche, die, angetrieben durch ihr Streben nach innerer Erleuchtung, einen besonderen Gartentyp schufen. Auch in der westlichen Welt gab es mit den Innenhöfen römischer Villen, den Kreuzgängen christlicher Klöster oder den üppigen Riads in islamischer Architektur schon immer Orte des Innehaltens und der Ruhe.

Für uns bedeutet ein Garten heutzutage eine private Rückzugsinsel in einer hektischen Welt. Er ist der Ort, an dem man der Natur nahe sein kann und den man ganz nach eigenem Geschmack gestalten darf. Der Garten inspiriert uns und erinnert uns daran, wie wichtig das Leben im Hier und Jetzt ist.

Besondere Meditationsorte

1 Der etwa tennisplatzgroße Garten des Klosters Ryōan-ji in Kyoto wurde in der Mitte des 15. Jahrhunderts angelegt und gilt als der berühmteste und meistbesuchte Zen-Garten. In vielen Menschen ruft er tiefe Emotionen hervor.

2 Neueren Datums ist der Meditationsgarten im Kloster Benediktbeuern. Vier labyrinthartig angelegte Beetkreise leiten bis zum zentralen Brunnen und regen eine intensive sinnliche Wahrnehmung der Pflanzen an.

Das Mond-Tor: Es verlangt ein bewusstes Durchschreiten, denn nur als einzelner und nur genau durch die Mitte gelangt man hindurch. Das Mond-Tor hat seinen Ursprung in China und symbolisiert den Übergang zwischen verschiedenen Bereichen, etwa zwischen öffentlichem und privatem oder weltlichem und spirituellem Raum.

Schaffen Sie sich ein imaginäres Mond-Tor: Suchen Sie sich in Ihrem Garten einen Bereich, mit dem Sie sich bewusst von Hektik und Alltagssorgen abgrenzen. Gestalten Sie diesen Ort genau so, wie er Ihnen gefällt. Er muss nicht repräsentieren oder den Bedürfnissen anderer Familienmitglieder gerecht werden, sondern dient allein Ihrer Freude und Besinnung auf das Wesentliche.

Manchen Gärtner genügt ein Schnuppern an den Rosenblüten, um sofort in die Entspannung zu kommen, andere brauchen einen bestimmten Platz oder ein Ritual, um sich in diesen Zustand zu versetzen. Beobachten Sie sich selbst: Auf welche Gartenplätze oder Pflanzen reagieren Sie besonders stark? Lieben Sie es, die Blätter zu berühren? Sitzen Sie gerne ruhig und still da oder entspannt es Sie mehr, wenn Sie umherschlendern? Beruhigt Sie der Anblick von Wasser oder Steinen, genießen Sie das Plätschern eines Wasserspiels oder ist eher das Rascheln der Gräser Musik in Ihren Ohren? Mit diesem Buch geben wir Ihnen viele Anregungen für Ihren ganz persönlichen Wohlfühlort.

Das Labyrinth: Hilfslinien auf dem Pfad der Meditation

Die Abbildung zeigt eine Skizze des Fußbodenlabyrinths der Kathedrale von Chartres. Es wurde im 13. Jahrhundert entworfen und diente den Bußübungen der Beichtenden. In diesem Fall symbolisierte das Labyrinth den Weg der Seele zur Erlösung.

Die Gestalter des erst in diesem Jahrtausend angelegten Meditationsgartens im Kloster Benediktbeuern nahmen sich dieses Labyrinth zum Vorbild. Ihre Gedanken zum »Weg der Besinnung«:

Du gehst hinein ins Labyrinth, ins Leben, steuerst direkt auf die Mitte zu und meinst, bald am Ziel zu sein.

Da führt Dich Dein Weg um die Mitte herum und mitten hinein in die Wirrungen, den Alltag. Schließlich findest Du Dich an der Peripherie wieder, wirst schier endlos entlang geschickt. Die Mitte? Aus den Augen, obgleich Du sie ständig umkreist.
Irgendwann gelangst Du da an, wo Du aufgebrochen bist.
War alles Mühen umsonst? Aber nein!
Jetzt biegt Dein Weg auf die Mitte zu und führt Dich unmittelbar ins Zentrum, die Mitte Deines Lebens.
Der Weg nach draußen, vertraut und doch neu: ein neuer Blickwinkel, neue Perspektiven. [1]

1) Mit freundlicher Genehmigung des Zentrums für Umwelt und Kultur, Benediktbeuern

Achtsamkeit im Garten

Im Alltäglichen das Wunderbare sehen. Und dies jeden Tag aufs Neue. Wo ginge das leichter als im Garten?

Unser grünes Paradies vor der Haustür: Wir lieben es. Manchmal mehr – wenn uns der duftende Fliederstrauch begrüßt –, manchmal weniger – wenn die Blattläuse unseren selbst gezogenen Salat ebenso lecker finden wie wir. Immer aber ist unser Garten ein Stück Erde, für das wir verantwortlich sind. Wir müssen es hegen und pflegen, damit es uns Freude bereitet.

Manche Arbeiten erledigen wir sicher lieber. So kann das Zurückschneiden verwelkter Rosenblüten sehr beglückend sein, weil wir dann unseren Lieblingen ganz nahe kommen. Andere Arbeiten, allen voran das Unkrautjäten, empfinden viele als ziemlich lästig. Was aber, wenn Sie das Jäten ganz bewusst erledigten? Sie konzentrieren sich dann darauf, die zarten Pflänzchen aus der Erde zu ziehen und blicken voller Stolz auf den Sammelkorb, der sich immer mehr füllt. Vielleicht gehören Sie dann schon bald zu den Gärtnern, die sagen: »Unkrautjäten ist für mich wie Meditation.«

Den Blick schulen

Tautropfen, die sich in den Härchen der Samen verfangen und im Gegenlicht silbern aufleuchten: Verschafft Ihnen dieser Anblick auch Glücksgefühle? Ein Garten bietet unzählige solcher Momente – und das jeden Tag. Das einzige, was man dafür tun muss: Sich ein bisschen Zeit zu nehmen und mit aufmerksamen Augen durch sein Refugium zu gehen. Im Frühling sind es die kleinen grünen Triebe, die nur wenige Millimeter aus der Erde spitzen und uns bezaubern – Sie müssen sie nur beachten. Fallen Ihnen zu den anderen Jahreszeiten auch schöne Beispiele ein?

Eine Frage des Geschmacks

1 Japanisch gestaltete Gärten strahlen durch die Reduktion auf das Wesentliche eine fast schon spürbare Ruhe und Gelassenheit aus. Das Harken der Kiesflächen gehört zu den meditativen Arbeiten, in Japan »Samu« genannt.

2 Eine durch klare Strukturen gegliederte Blütenfülle spricht das Herz jedes Blumenliebhabers an. Wer Farben und Düfte als Sinnesreize braucht, um in eine entspannte Stimmung zu kommen, wird hier seinen Glücksort finden.

*E*rkenntnis und Besinnung kann man auf vielerlei Weise im Garten finden, denn die individuellen Vorstellungen von Gartenglück sind so verschieden wie wir Menschen. Dieses Buch zeigt Ihnen, mit welchen Gestaltungsmaterialien Sie sich wohl fühlen können und möchte Sie anregen, für sich persönlich einen Ort der Achtsamkeit zu schaffen.

Sie erfahren, dass das Element Stein ganz besondere Gestaltungsmöglichkei-ten erlaubt und wie vielseitig sich Holz im Garten einsetzen lässt. Der von Wasser ausgehenden Faszination wird auf den Grund gegangen. Und natürlich gilt ein ganzes Kapitel den Pflanzen, die den Garten mit ihrer Lebendigkeit bereichern. Immer geht es darum, Ihnen Wege zu zeigen, wie Sie Ihren »happy place« im Garten finden und einrichten. Besonders originelle Gestaltungstipps und Meditationsübungen vertiefen das jeweilige Thema.

Gartenporträts stellen Gärtner vor, deren Refugium von der Suche nach der Inneren Mitte geprägt ist. Sie verraten ihre Gestaltungsmaxime und gewähren einen Blick in ihre Auffassung von Achtsamkeit. Zu wissen, wie sie im Garten zu sich selbst gefunden haben, kann Ihnen viele hilfreiche Anregungen geben und Sie auf Ihrem eigenen Weg der Achtsamkeit begleiten.

Zen-Kloster Liebenau

Eintauchen in die Welt der Meditation

Er war Zahnarzt, Immobilienhändler und leitet heute sein eigenes Zen-Kloster: Dr. Wolfgang Hess erlebte bei seinen Reisen durch Japan die Faszination fernöstlicher Gartenkultur; er wollte ergründen, warum manche jahrhundertealte Gärten immer noch tiefe Emotionen auslösen. Dazu absolvierte er eine mehrjährige Ausbildung in Japan.

1 *Das im Tudor Stil erbaute Schloss beherbergt nicht nur die Wohnräume der Familie, sondern zahlreiche Zimmer, in denen die Gäste des Klosters nächtigen können. An den regelmäßig stattfindenden Japanischen Wochenenden kann man die Zen-Kultur kennenlernen.*

»Da saß ich im Garten dieses Zen-Klosters und mir liefen vor Glück die Tränen übers Gesicht«, erzählt Wolfgang Hess. »Wie kann es sein, warum bewegt mich der pure Anblick dieses Gartens so sehr? Das wollte ich herausfinden.« Wieder zuhause in Deutschland begann er eine Ausbildung im Zen-Buddhismus. Durch ein Empfehlungsschreiben seines Lehrers bekam er dann die Möglichkeit, eine Aus-

bildung zum Abt im Zen-Kloster Myoshin-ji in Kyoto zu absolvieren.

Heute kann Wolfgang Hess erklären, warum Gärten im Japan-Stil derartige Emotionen hervorrufen können: »Sie besitzen eine objektive Schönheit und Anziehungskraft, die an unser Innerstes rührt. Ihre Erbauer, die Zen-Meister, wussten durch das Studium ihres Innersten und die Ausbildung ihrer Schüler, was die Men-

schen bewegt und wovor sie Angst haben. Wenn man einen Garten nun so anlegt, dass er genau zeigt, was jeder Mensch gerne sieht, macht uns das glücklich.«

Eigentlich ganz einfach. Aber den Weg dorthin kann man nur durch das langjährige Streben nach Erleuchtung erreichen. Täglich praktiziertes Zazen, also das Meditieren im Sitzen, ist dabei eine hilfreiche Methode.

Das Teehaus am großen Teich

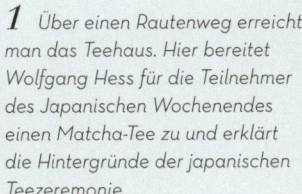

1 Über einen Rautenweg erreicht man das Teehaus. Hier bereitet Wolfgang Hess für die Teilnehmer des Japanischen Wochenendes einen Matcha-Tee zu und erklärt die Hintergründe der japanischen Teezeremonie.

2 Privat nutzt der Gärtner das auf einer Halbinsel gelegene Teehaus vor allem bei Regenwetter. Die luftigen Schiebetüren, Shoji genannt, geben dem Ausblick in den Garten einen wirkungsvollen Rahmen.

3 Die typische Uferlaterne hat einen gebogenen Sockel, damit sie sich zum Wasser hin neigen kann. In der japanischen Gartenkunst dient sie nicht der Beleuchtung, sondern soll ein erfreuliches Gefühl vermitteln.

Beruhigendes Grün

1 Karikomi nennt man die »lebenden Steine«, die an sanfte, bewaldete Hügel erinnern sollen. In Japan werden dafür bevorzugt Azaleen verwendet, bei uns eignen sich Buchs oder Ilex crenata besser.

2 Der Moosgarten wurde in der Nähe des Teehauses angelegt, da Moos als Bodendecker durch seine samtige Struktur Ruhe ausstrahlt und eine tiefe Versenkung während der Meditation fördert.

3 Tsukubais findet man an mehreren Stellen des Gartens. Es sind rituelle Waschplätze, die ihren Ursprung in den ausgehöhlten Steinen haben, die in früheren Zeiten als Waschgelegenheiten vor abgelegenen Herbergen benutzt wurden.

Der Zauber der Zen-Gärten beruht darauf, dass sie das Wesen der Natur unter Berücksichtigung unserer Urinstinkte hervorheben. Gestaltungen, die unserem Unterbewusstsein mögliche Gefahrenquellen signalisieren, werden vermieden. Aus diesem Grund sind die Buchsbäume nicht zu akkuraten Kugeln geschnitten, sondern vielmehr als halbe Kreise, die einen festen, sicheren Stand signalisieren. Akzente setzen Gartenbonsais, die Wolfgang Hess für seinen Garten und die Gärten seiner Kunden selbst zieht. »Ich pflanze nie einen fertigen Bonsai ein, sondern gestalte ihn immer vor Ort, damit er in die Gartenlandschaft passt.« Aus praktischen Gründen sollten die Bäume so gesetzt werden, dass man sie zu Pflegearbeiten bequem erreichen kann.

Moos wird in Japanischen Gärten gerne verwendet, um Perspektiven zu manipulieren und optische Weite vorzutäuschen: Aus der Ferne betrachtet, lässt es sich schwer abschätzen, wie hoch die bemooste Hügelkette tatsächlich ist. Damit das Moos nicht von konkurrenzstärkeren Gräsern überwachsen wird, überzieht Wolfgang Hess die geformten Hügel vor dem Aufbringen der Moosdecke mit einem Gemisch aus Beton und Torf. Der Torfanteil sorgt dafür, dass Wasser versickern kann, Beton und Torf gewährleisten, dass das Moos gut anwächst und die Hügel stabil bleiben.

Das Bootshaus hat Wolfgang Hess aus praktischen Erwägungen aufgestellt, denn tatsächlich braucht er ein Boot, um die Teiche zu regelmäßigen Pflegearbeiten zu befahren. Dem Teich kommt bei der Meditation eine große Rolle zu, da uns die ruhende Wasserfläche mit dem waagerechten Horizont Orientierung verschafft und sich dadurch unser Gemüt entspannt. In dieser Umgebung fühlen wir uns sicher und können uns ganz auf unsere Meditation konzentrieren.

Die Trittsteine durch die flache Stelle des Wassers »machen aus einem Nutzweg etwas Schönes«, so der kundige Gestalter. An dieser Stelle hat er den Trick der optischen Verkürzung angewendet. Steht man vor der zu überwindenden Stelle, kann es einem gefährlich vorkommen, den langen Weg durchs Wasser zu betreten. Die Steine sind nun aber so gewählt, dass vorne die kleineren verlegt wurden und sie nach hinten immer breiter werden. Dadurch verkürzt sich die Wegstrecke optisch und nimmt uns die Angst vor dem Begehen.

Ein Japanischer Garten hat dem Auge rund ums Jahr etwas zu bieten, denn durch die Verwendung Immergrüner und Moos sowie Bonsais behält er auch im Winter seine Struktur. Laubfärbende Ahorne setzen im Herbst schöne Akzente und im Frühjahr begeistert das frisch austreibende Grün. »Der Mai ist meine liebste Jahreszeit«, verrät Wolfgang Hess. »Ich mag das helle Grün und die Zeichen, dass alles wieder am Wachsen ist.«

Wasserflächen geben Orientierung

1 Auf dem Gelände des Zen-Klosters liegen drei Teiche, die durch Inseln und Trittsteine abwechslungsreich gestaltet sind. Beim Betrachten der spiegelnden Wasserfläche beruhigt sich der Geist am schnellsten.

2 Ahorne bringen mit ihrer Laubfärbung den jahreszeitlichen Aspekt in den Garten. Sie werden so geschnitten, dass sie schön luftig wirken. In ihrem Halbschatten gedeiht Moos besonders gut.

In einem Garten, der nach der japanischen Gartenkunst angelegt ist, empfindet man sehr große Glücksgefühle.

Dr. Wolfgang Hess

Stein
Unvergängliche Beständigkeit

Ruhige Muster und Strukturen

Steine können trotz ihrer Härte ganz flexibel und formbar sein – wenn man sie als kleinformatige Kiesel im Garten einsetzt.

In der japanischen Gartenkunst symbolisieren die geharkten Kieswellen das Meer oder den See, von denen Felsen und Bäume umspült werden. Allein der Anblick dieser Szenerie wirkt beruhigend. Man kann sich in das Bild vertiefen, die Regelmäßigkeit der geharkten Linien und die weichen Moospolster besänftigen, während man auf dem Felsen immer neue Strukturen entdeckt.

Für die Mönche japanische Zen-Klöster ist das Formen der Kiesflächen eine Möglichkeit, den Geist zu ordnen und zu klären. Tatsächlich ist das Ziehen der Harke durch den formbaren Kies eine Tätigkeit, die unsere volle Aufmerksamkeit erfordert. Man muss gleichbleibenden Druck ausüben, darauf achten, dass die gezogenen Linien in gleichmäßigen Kreisen und Wellen verlaufen. Wenn Sie es nachmachen möchten: Die Kiesschicht sollte mindestens fünf Zentimeter dick sein und der Kies eine Körnung von drei bis acht Millimetern besitzen.

Meinen individuellen Gartenweg bauen:

1. *Für die Trittsteine brauchen Sie eine flache quadratische Plastikschale, Speiseöl als Trennmittel, Beton-Estrich aus dem Baumarkt und eine Sammlung verschiedener Kieselsteine*

2. *Streichen Sie die Schale mit Speiseöl aus und füllen Sie den angerührten Beton etwa 3 cm hoch ein. Dann mit den Kieselsteinen Muster in den nassen Beton legen. Trocknungszeit: 2–3 Tage*

Kiesel-Mandala

Gehören Sie zu den Menschen, die von Ausflügen oder Urlaubsreisen immer eine Tasche voller gesammelter Steine mitbringen? Eine schöne Idee, die Erinnerung an diesen schönen Tag oder Urlaub zu konservieren, ist das Legen eines Kiesel-Mandalas. Dazu die Kiesel im gewünschten Muster in ein Sandbett legen und mit Fugenzement ausgießen. Mit solch einem Ornament schaffen Sie sich Ihren ganz persönlichen Meditationsort im Garten.

Ruheorte im Garten

Sie gehören zu den Menschen, die sich in den Bergen wohl fühlen und Sie lieben den Blick auf steinerne Monumente? Dann ist ein mit Stein gestalteter Sitzplatz für Sie genau das Richtige!

Unsere Sinne entscheiden darüber, ob wir uns an einem Ort wohl fühlen und zur Ruhe kommen. Manch einer fühlt sich beim Anblick von Stein und Felsen eingeschüchtert, anderen vermittelt das dauerhafte, beständige Material ein Gefühl von Sicherheit.

Wer einen Sitzplatz aus Stein plant, sollte sich im Vorfeld genau überlegen, in welcher Ecke des Gartens er ihn einrichten möchte. Eine Bank aus Stein ist nicht eben mal schnell umgestellt. Einmal installiert, bleibt die Sitzgelegenheit meist für Jahre an Ort und Stelle, setzt Patina an und verbindet sich mit den umgebenden Pflanzen zu einem beständigen Bild. Sitzgelegenheit aus Stein sind hart und lassen uns den Kontakt zum Element direkt spüren. Umso wichtiger ist, dass die unmittelbare Umgebung weiche, organische Strukturen zum Sehen und Fühlen bietet und uns zum Verweilen einlädt.

1 Durch die eingearbeiteten Blattranken, welche über die Zeit Moos angesetzt haben, fügen sich die beiden Steinhocker ganz selbstverständlich in die lauschige Pflanzenecke. Hohe Bäume sorgen für anhaltenden Schatten und schaffen so einen Ort, an dem man seine Gedanken wohltuend erfrischen kann.

Mein Sitzplatz im Frühling

Die Steinbank zu Füßen der kletternden Glyzinie ermöglicht es, mit der Lieblingspflanze auf Tuchfüllung zu gehen. Weitere blühende Ranker:

Clematis · Kletterrose · Geißblatt · Trompetenblume

Steine geben Geborgenheit

1 Eine Trockensteinmauer rahmt den abgesenkten Sitzplatz ein und schirmt ihn gegen zugige Winde ab. Auch der Bodenbelag greift in Form und Struktur das Gestaltungsthema auf und sorgt zusammen mit der schützenden Mauer dafür, dass sich dieser Platz rasch erwärmt. Hier kann man selbst kühlere Tage voll auskosten.

2 Eine besonders elegante Formgebung lädr dazu ein, auch auf dem harten Material längere Zeit bequem zu sitzen. Höhere Mauern geben Rückendeckung und die Einfassung mit zwei steinernen Pflanzgefäßen symbolisiert Beständigkeit. Die symmetrische Bepflanzung mit Hochstämmchen bringt Ruhe in die Gestaltung.

Welche Steine gefallen Ihnen? Heller, gleichmäßiger Sandstein, uriger Granit, dunkelgrauer Basalt oder violetter Porphyr vulkanischen Ursprungs? Vielleicht verbinden Sie mit einer Gesteinsart ja Erinnerungen an eine Landschaft, in der Sie sich besonders wohl fühlten. Wichtig ist, dass Sie sich bei der Auswahl der Steinart für Ihre Sitzplatzgestaltung von Ihrem Gefühl leiten lassen.

Wie soll das Element Stein eingesetzt werden? Eine massive Platte, ruhend auf einem stabilen Unterbau, ergibt eine schlichte Sitzgelegenheit und die Möglichkeit, hautnah mit der Urnatur in Verbindung zu treten. Grob behauene Steine, aufgeschichtet zu einer Trockenmauer schirmen den Ruheplatz auf angenehme Weise ab. Oder Sie setzen Natursteinplatten als Bodenbelag ein. Ihre verschiedenen

Formen und Strukturen laden zu einer optischen Entdeckungsreise ein.

Vergessen Sie nicht, dass Steine eine sehr präsente Wirkung besitzen. Ein Zuviel kann der Stimmung schnell die Leichtigkeit nehmen. Die ideale Ergänzung zu ihrer massiven Präsenz sind Pflanzen, deren organische, miteinander verwobene Strukturen einen lebendigen Kontrast dazu ergeben.

Achtsame Wegeführung

Der Weg kann das Ziel sein. Ein entspanntes, aufmerksames Gehen verstärkt die bewusste Wahrnehmung des Hier und Jetzt.

Einen Weg mit Schwung anzulegen, bedeutet Spannung zu erzeugen und den Schritt zu verlangsamen. Man kann die Strecke und den Garten nicht sofort überblicken, sondern muss erst um die Kurve gehen, um zu erkennen, wie es weitergeht. Wenn auch der Wegbelag selbst richtig abwechslungsreich sein soll, sind Kieselsteine eine tolle Gestaltungsmöglichkeit.

Für diesen Weg wurden Kiesel und Kantsteine unterschiedlicher Größe und Form verwendet. Die kleinsten, in Längsrichtung verlegt, formen ein Band im Wegeverband und wirken wie eine Aufforderung, ihm zu folgen. In die umfließenden Feldsteine wurden größere Stolpersteine eingebaut. Sie verlangen danach, die Aufmerksamkeit auf das Gehen zu richten.

Einen anderen Aspekt stellte übrigens Friedensreich Hundertwasser heraus: »Die gerade Linie ist die einzige unschöpferische Linie.« Also: Seien Sie schöpferisch, legen Sie einen Weg an, der Überraschungen birgt!

Pflanzeninseln im Weg

Ist das hier ein Weg oder ein Beet? Die Grenzen verschwinden, Steine und Pflanzen verweben sich zu einer Einheit, die ein Fest für die Sinne ist.

Zwischen Gräsern, Wollziest und Yuccas laden Kiesflächen zum Betreten und Erleben der Pflanzenwelt aus nächster Nähe ein. Vereinzelt verlegte Wegeplatten aus Sandstein werden zu Trittinseln innerhalb der Kiesfläche.

Hier kann man sich auch einmal hinsetzen, um eine andere Perspektive einzunehmen, die Wärme des Steins zu spüren und sich in Pflanzenstudien zu verlieren. Beim Begehen begleitet einen das Knirschen der Steine unter den Füßen. Und wer barfuß geht, kann die unterschiedliche Strukturen sogar erspüren.

Gärten im Miniaturformat

Steintröge bilden eine eng umgrenzte Insel inmitten des übrigen Gartengeschehens und können ganz individuell gestaltet werden.

Die schönsten Steintröge findet man bei der Auflösung alter Bauernhöfe oder bei Anbietern historischer Baustoffe. Ihre frühere Verwendung als Wasser- oder Futterbecken für Tiere bedingt eine besondere Geschichte und Patina.

Für den Gärtner bietet solch eine klar umgrenzte Gestaltungsfläche die Möglichkeit, sich intensiv mit ihrer Anlage und Pflege auseinanderzusetzen. Machen Sie diesen »Garten im Garten« zu Ihrem

»happy place«, an dem Sie vollkommen abschalten können!

Dieses Exemplar steht an sonnenexponierter Stelle und bietet trockenheitsliebenden *Sedum*- und *Sempervivum*-Arten beste Bedingungen. Mit Hilfe von Steinen und einer Deckschicht aus Kies wurde eine Landschaft im Kleinformat geschaffen. Der Trog selbst wurde hauptsächlich mit Kies aufgefüllt, denn die verwendeten Pflanzen kommen mit sehr wenig Erdauflage aus.

Platz für Individualität

Steintröge einmal anders – sie können nicht nur Ihre Lieblingpflanzen beherbergen, sondern bieten auch Platz für andere individuelle Vorlieben.

1. *Ihr Lieblingstier ist der Fischotter und Sie möchten ihm im Garten ein Denkmal setzen? Im wasserfesten Steintrog können Sie ihm liebevoll sein eigenes Habitat einrichten.*

2. *Für die Umwälzung des Wassers sorgt eine Pumpe, für den natürlichen Look die großen Kieselsteine und die Schwertlilie im Trog sowie die umgebenden Farne und Topfpflanzen.*

Selbst gegossen

Einen Pflanztrog aus Beton zu gießen ist leichter, als man denkt! Als Gussform eignen sich zwei verschieden große Plastikwannen, die man ineinanderstellt. Um einen Abstand zu fixieren, reichen feste Klebebänder. Damit eine antike Optik entsteht, mischt man den Zement mit Bausand, Blähton und Rindenkompost – letzterer sorgt für die verwitterte Optik.

Dornröschenmauer

Sind Sie Romantiker? Brauchen Sie Blüten und Farben, um glücklich zu sein? Dann schaffen Sie sich Ihr ganz persönliches Märchenambiente.

Eine hohe Trockensteinmauer aus hellem Stein bietet das Rückgrat für diesen verwunschenen Sitzplatz. Um bei einer Mauer dieser Höhe zu garantieren, dass die Steine stabilen Halt haben, sollte man zur Errichtung einen Profi beauftragen. Der Weg, der zum Sitzplatz führt, ist aus groben Feldsteinen gelegt, deren Unebenheiten und Patina aus Moos zur märchenhaften Stimmung beitragen.

Über die metallene Sitzbank spannt sich ein Rosenbogen. An diesem geschützten Platz können sich die Blüten üppig entwickeln. Auch um die Bank herum darf sich die Pflanzenwelt ungezähmt ausbreiten. Spanische Gänseblümchen *(Erigeron)* sind dankbare Fugenpflänzchen, die uns ihre Blüten zu Füßen legen.

Wohin der Blick geht, wenn man auf der Bank Platz genommen hat? Das bleibt das Geheimnis dieses Gartens …

1 Mit der starken Mauer im Rücken und dem Duft der Rosen in der Nase finden romantische Seelen hier ihren idealen Meditationsplatz. Man muss ja nicht wie Dornröschen hundert Jahre schlafen, aber die Vorstellung, auf der sonnenbeschienenen Bank zu sitzen, die Augen zu schließen und innerlich still zu werden, ist sehr verlockend.

Blumen für die Mauer

Trockenmauern werden aus Natursteinen erbaut, deren Lücken anschließend nicht verfugt werden. Die Räume zwischen den Steinen bieten sich geradezu an, dort Mauerblümchen anzusiedeln. Mischen Sie zunächst Pflanzerde zu gleichen Teilen mit grobem Sand und füllen Sie dieses Substrat in die Pflanzlücke. Dann den Wurzelballen der Pflanzen auf die benötigte Größe zuschneiden, in die Fuge setzen und mit Substrat auffüllen.

Als Mauerpflanzen eignen sich:

- *Blaukissen (Aubrieta)*
- *Grasnelke (Armeria)*
- *Hauswurz (Sempervivum)*
- *Hischzungenfarn (Asplenium scolopendrium)*
- *Mauerpfeffer (Sedum)*
- *Polster-Glockenblume (Campanula portenschlagiana)*
- *Schleifenblume (Iberis)*
- *Steinkraut (Alyssum)*
- *Streifenfarn (Asplenium trichomanes)*
- *Teppichphlox (Phlox subulata)*

MEIN FEENTEICH

Die Spirale ist eine der faszinierendsten Symbole, die wir kennen. Historiker vermuten, dass sie schon in keltischer Zeit der Inbegriff des Wachstums und der Energie war. Im Zauberreich der Feen markiert die Spirale den Eingang zu geheimen Orten.

Wer empfänglich ist für solch mystische Geschichten, wird von dieser Gestaltungsidee begeistert sein. Sie brauchen dafür einen Gartenteich mit flacher Uferzone oder Sie gestalten mit Teichfolie eigens eine solche Wasserstelle.

Vom Ufer aus legt man mit runden, handgroßen Steinen eine gleichmäßige Spirale mit immer enger werdenden Windungen an. Für einen geheimnisvollen Effekt setzt man dann noch einige Exemplare des schwimmenden Wasserfarns *(Azolla caroliana)* in den Teich. Dieser ist auch unter dem Namen »Feenmoos« bekannt. Es ist eine anspruchslose Schwimmpflanze, die im Herbst eine hübsche braunrote Färbung annimmt. Zum Überwintern gibt man eine Hand voll Feenmoos in eine flache Wasserschale und stellt sie an einen hellen und kühlen Platz. Sie vermehren sich im nächsten Jahr wieder von selbst.

Richten Sie sich am Ufer eine Stelle ein, von der aus Sie die ganze Spirale überblicken können. Allein beim intensiven Betrachten der Form und der Spiegelungen auf dem Wasser werden Sie merken, wie sich Ihr Puls verlangsamt und Sie die ersehnte Ruhe finden.

Meditationsübung

STEINTÜRMCHEN BAUEN

1. Wählen Sie sorgfältig die Steine aus, die Sie auf einer Wanderung oder einem Spaziergang gesammelt haben und suchen Sie sich in Ihrem Garten eine Stelle, wo das Türmchen seinen Platz finden soll. Nehmen Sie jeden Stein in die Hand, prüfen Sie seine Form und Schwere. Besonders gut eignen sich flache Steine unterschiedlicher Größe.

2. Beginnen Sie mit dem größten Stein und bereiten Sie ihm einen stabilen Stand. Er ist das Fundament Ihres Türmchens und muss anschließend alle anderen tragen. Jeden folgenden Stein gilt es nun so zu platzieren, dass er im Gleichgewicht ist. Spüren Sie beim Aufschichten der Steine in sich selbst hinein und nehmen Sie Ihre innere Balance wahr. Dies hilft Ihnen dabei, die Steine richtig auszutarieren. Hören Sie auf, wenn Sie mit der Höhe und den Proportionen Ihres Turms zufrieden sind.

3. Betrachten Sie Ihr Werk aus größerer Entfernung: Wie fügt es sich in den Garten? Sie können das Türmchen stehen lassen und ihm immer dann, wenn Sie zur Ruhe kommen möchten, einen Besuch abstatten.

> **"** *Auch aus Steinen, die einem in den Weg gelegt werden, kann man Schönes bauen.* **"**

J. W. von Goethe

Der Garten des Augenblicks

Japanischer Garten in der Königlichen Gartenakademie Berlin

Es sind nur kleine Spalten zwischen Holzstelen, die dem Besucher einen schnellen Einblick in den von hohen Mauern umschlossenen Garten gewähren. Erst wenn man am schmalen Eingang vorbei ist, öffnet sich der Blick. Eine schwebende Holzbank auf der oberen Ebene, dem Betrachtungsgarten, lädt zum Platz nehmen ein. Von hier wandert der Blick in die untere Ebene, den Zen-Garten. Jetzt ist ein vollkommenes Versinken möglich.

Gartendesigner Christian Otto ist es gelungen, auf nur 70 Quadratmetern einen Ruhepol im oft recht trubeligen Umfeld der Königlichen Gartenakademie in Berlin zu schaffen. Über seine zweite Leidenschaft, die japanische Kampfkunst, erwachte in ihm schon in jungen Jahren sehr früh das Interesse an der japanischen Kultur und Gartenkunst. Sein erster Besuch im Land der aufgehenden Sonne war »ein Kulturschock«. Das Treffen mit einem japanischen Gartenmeister eine Ernüchterung. »Ihr Langnasen habt keine Ahnung«, war dessen wenig schmeichelhaftes erstes Urteil.

»Tatsächlich fehlt uns der kulturelle Hintergrund«, erläutert Christian Otto, »aber ich versuche so dicht wie möglich dranzukommen.« Am meisten fasziniert ihn die Fähigkeit der Japaner, aus wenig viel zu machen. Den wohl berühmtesten japanischen Zen-Garten im Tempel Ryōan-ji in Kyoto besuchte er ganz früh morgens, als ihn noch keine Besuchermassen durchwanderten. »Sein Anblick ist überwältigend, zum Glück gibt es Bänke, auf die man sich setzen kann.«

Bei der Gestaltung des Berliner Gartens war seine Maxime ebenfalls »weniger ist mehr«, andererseits wollte er selbst auf der kleinen Fläche viel ausdrücken. Schnell kam er zu dem Schluss, dass die Kreisform für die nahezu quadratische Fläche ideal sei. Durch die Anlage eines Senkgartens schuf er eine zweite Ebene, die Spannung erzeugt. Die abgesenkte Fläche erdet den Garten, hier sammelt sich die Energie und fordert zum Innehalten auf.

Der Stein ist das wichtigste Element in einem Japanischen Garten. »Die Steine schaffen Raum und bringen Geist in den Garten«, so Christian Otto. »Ihre Form und Setzung geben ihm seinen Charakter.« Auf seinem Lagerplatz für Baumaterialien hat er eine Abteilung für »verbotene Steine«. Diese hebt er auf, bis er die richtige Verwendung für sie gefunden hat. »Manchen Stein sehe ich und auch sofort den Garten drumherum, ohne dass ich dafür einen Kunden habe. Aber ich weiß, irgendwann findet der Stein seine Bestimmung.« Den Stein für diesen Garten entdeckte er bei einem Berliner Steinkünstler. Er wusste sofort, dass er der Unterbrecher der Kreisform ist, nach dem er gesucht hatte.

Heute schwebt er scheinbar schwerelos über dem Zen-Garten und lässt über eine hineingemeißelte Rinne das Wasser hinablaufen.

Geht er selbst zum Meditieren in den Garten? »Nie. Wenn ich die Augen schließe, sehe ich jeden Quadratzentimeter vor mir. Dieser Garten ist für mich allgegenwärtig, ich kann sofort darin versinken.« Gerne beobachtet Christian Otto aber die Besucher seines Gartens: »Die meisten gehen rechts herum auf die Bank zu, nehmen Platz und geben sich der Betrachtung hin. »Besonders freut mich, dass sie sich gegenseitig respektieren. Jeder wartet, bis sein Vorgänger wieder aufgestanden ist und den Garten verlässt,

bevor er selbst hineingeht.« Von einem Büronachbarn der Akademie weiß er, dass er jeden Morgen vor der Arbeit erst einmal in den »Garten des Augenblicks« geht, um dort einen Moment der Ruhe vor dem Arbeitstag zu genießen. Auch einige Kollegen der Akademie nutzen einen Besuch zum Stressabbau. Durch die umlaufenden Wände bleibt jeder Lärm draußen, es ist wirklich eine Welt für sich.

Mit dem japanischen Gartenmeister pflegt der Designer übrigens immer noch Kontakt. Inzwischen auf freundschaftlichem Niveau, denn die Langnase hat den Meister überzeugt.

1 Vor den schwarzen Holzstelen blühen die Azaleen. Die Tokyo-Kirsche (Prunus yedoensis) im Hintergrund begann genau am Tag der feierlichen Eröffnung aufzublühen, als der japanische Botschafter den Garten besuchte.

2 300 Jahre alte Charlottenburger Gehwegplatten und nach japanischer Machart beschlagene Pflastersteine bilden den Wegebelag. Hier sind die davor gepflanzten Japanischen Bergwaldgräser (Hakonechloa macra) noch ganz klein, heute hängen sie schon weit über.

3 Die Steinlaterne aus Tuffstein wurde von einem Berliner Steinmetz angefertigt, der sein Handwerk in Japan gelernt hat. Sie ist ein wichtiger Orientierungspunkt. Neben ihr wächst ein Fächerahorn mit zarter grüner Belaubung.

Holz

Vom Wachsen
und sich Erneuern

Die Hülle der Bäume

Gehölze prägen das Gesicht unseres Gartens über lange Zeit. Die Rinde, ihre Schutzschicht, zeugt von Individualität.

Bäume sind wie gute Freunde. Sie sind immer für einen da, viele erfreuen uns im Frühling mit einer schönen Blüte, beschatten an heißen Sommertagen unseren Sitzplatz und machen im Herbst mit einer spektakulären Laubfärbung auf sich aufmerksam. Und im Winter zeigen sie, obwohl ihres Laubkleids beraubt, immer noch wahre Größe und sind wichtige Strukturgeber während der unwirtlichen Jahreszeit. Gerade dann kommt ihre äußere Schutzhülle, die Rinde, besonders gut zur Geltung.

Wie gut kennen Sie Ihren Freund, den Baum? Wissen Sie welche Farbe seine Rinde hat, ist sie tief eingekerbt, besitzt sie Narben oder ist sie von Moosen und Flechten besiedelt? Nehmen Sie ruhig einmal Kontakt auf, streichen Sie mit der Hand über die Borke, fühlen Sie, wie rau oder erstaunlich glatt eine Rinde sein kann. Der Baum ist ein lebendiges Wesen, der die Verbindung wischen Erde und Himmel herstellt. Versuchen Sie, die Einzigartigkeit seines Wesens zu erkunden, indem Sie ihm die Hand auf die Rinde legen, die Augen schließen und sich seiner Dimensionen bewusst werden.

Flechten und Moose

Sie gedeihen am besten bei hoher Luftfeuchtigkeit und siedeln sich gerne auf Gehölzen an, die am Teich, in einer schattigen Gartenecke oder in sehr dicht stehenden Gruppen wachsen. Sowohl Moose als auch Flechten nutzen den Baum nur als Unterlage, nehmen die von ihnen benötigten Nährstoffe und Wasser aus der Luft oder über Niederschläge auf. Dem Baum schaden sie also nicht und können deshalb als willkommener Rindenschmuck gesehen werden.

1 Moose gehören zu den niederen Pflanzen. Sie sind für eine Vielzahl von tierischen Rindenbewohnern ein wertvoller Lebensraum.

2 Achten Sie darauf, wie variantenreich der Moosbewuchs aussehen kann. Entdecken Sie bei genauem Hinsehen die gestielten Sporenkapseln?

3 Flechten sind eine symbiotische Lebensgemeinschaft zwischen einem Pilz und einer Alge oder Cyanobakterium. Sie können ganz unterschiedliche Farben besitzen.

Ein Moosteppich unterm Baum

Oft entdeckt man bei Waldspaziergängen unter den hohen Bäumen saftig grüne Moosteppiche. Wenn Sie zu den Menschen gehören, die den frischen, erdigen Duft in der Nase lieben und sich in dieser ruhigen grünen Umgebung wohl fühlen, sind Sie eindeutig ein »Waldtyp«.

Um sich im eigenen Garten solch einen Rückzugsort anzulegen, suchen Sie sich eine schattige Fläche unter einem Baum aus. Der Handel bietet spezielle Moosmatten an, mit denen man größere Bereiche problemlos »bemoosen« kann. Da normaler Gartenboden meist zu nährstoffreich ist, sollte man den Boden zunächst flächig etwa 20 Zentimeter tief abtragen.

Auf diese Fläche bringt man denn ein Gemisch aus Sand und Torf als Untergrund aus für die Moosmatten aus. Diese müssen nur noch zurechtgeschnitten und verlegt werden.

Ein hügeliger Moosgarten entsteht, wenn man kleine Findlinge von den Moosplatten überwachsen lässt. Allerdings braucht es dafür einen zuverlässig luftfeuchten, schattigen Standort.

Wege aus Holz

Holz fügt sich perfekt in die grüne Umgebung des Gartens ein. Als Bodenbelag sorgt es nicht nur beim Barfusslaufen für ein angenehmes Gefühl.

Wer diesen Weg betritt, kommt den Pflanzen nah, denn er ist so schmal, dass man unweigerlich ab und zu an den Blätter entlangstreift. Die Blüten des Roten Sonnenhuts strahlen einem direkt ins Gesicht. Man muss nur stehen bleiben, um sie genauer zu betrachten, und ganz gewiss entdeckt man eine Biene oder Hummel, die auf Nektarsuche ist. Auch der Weg selbst fordert zum achtsamen

Begehen auf, wenn man nicht über eine seiner vielen Stufen stolpern möchte.

Durch das Baumaterial Holz wird unser Weg hier erlebbar. Auf den Holzbohlen verursacht jeder Schritt einen Nachhall, und macht uns während des Gehens auf uns selbst aufmerksam. Manchmal ist es gerade dieses Hören der eigenen Schritte, das uns veranlasst, sie in einem bestimmten Rhythmus zu gehen.

Gehen bewußt erleben

Runde Holzscheiben sind hier in einer unregelmäßigen Anordnung im Rasen verlegt. Das ist kein Weg, der achtlos begangen werden kann, vielmehr man muss darauf achten, mit dem ganzem Fuß auf die Baumscheiben zu treten, sonst stolpert man.

1. *Holzplatten sind im Rasen relativ einfach verlegt: Umstechen Sie die Konturen der Platte mit einem Spaten. Koffern Sie den Untergrund etwa 20 Zentimeter tief aus.*

2. *Füllen Sie zunächst Kies und darauf Sand ein. Dann die jeweilige Holzplatte wieder einpassen. Sie sollte eben mit dem Rasen abschließen.*

Brückenbildung mit Holzdeck

Die Holzdecks überspannen den kleinen Bachlauf und verbinden zwei Gartenteile miteinander. Durch ihre versetzte Anordnung ist man dazu gezwungen, an jedem Ende einen zweimaligen Richtungswechsel vorzunehmen, möchte man seinen Weg fortsetzen. Das passiert zwar ganz unbewußt, kann aber in manchen Lebenssituationen auch eine wertvolle Erfahrung sein: Auch im Leben braucht es manches Mal einen Richtungswechsel, wenn man sein Ziel erreichen möchte.

Holzsteg am Wasser

Er erinnert uns an unsere Kindheit und unbeschwerte Sommertage am See. Über den Teich angelegt, bringt er uns dem Leben am und im Wasser näher.

Wissen Sie noch wie es war, den Steg entlangzulaufen und dann mit einem Satz ins kühle Wasser zu springen? Oder wie schnell man sich nach dem Bad auf dem Steg liegend von der Sonne trocknen lassen konnte? Mit solchen Erinnerungen im Kopf wird schnell klar, dass ein Holzsteg eine ideale Verbindung zum Gartenteich herstellt.

Es braucht handwerkliches Können und die nötige Fachkenntnis, um das Fundament für den Holzsteg stabil und dauerhaft am Ufer und im Teich zu installieren. Ist das aber erst einmal gelungen, sind die Holzdielen schnell auf der Unterkonstruktion befestigt. Durch die Lage direkt über der Wasseroberfläche bietet ein Sitzplatz am Teich noch intensivere Sinneseindrücke als ein Beobachtungsposten am Ufer. Man ist den Geräuschen und Bewegungen am Wasser ganz nah und kann sich voll auf die Beobachtung einzelner Details konzentrieren. Und wer vollkommen abschalten möchte, verliert sich in der Spiegelung des Himmels auf der Wasseroberfläche.

1 Hier möchte man sich doch am liebsten auf den Steg setzen, die Füße im Wasser baumeln lassen und den Libellen bei ihren Flugkünsten zugucken. Der perfekte Ort, um sich auf das Wesentliche zu konzentrieren!

Kleine Abkühlung

Versuchen Sie mit den Füßen Kreisformen ins Wasser zu zeichnen. Sehen Sie, wie sich das Wasser wellenförmig ausbreitet?

Privatsphäre schaffen

Zaunguckerpflanzen

Ein Zaun, der keine abschottende Funktion haben muss, kann aus ganz einfachen Holzelementen bestehen. Wenn ihn die Pflanzen als willkommene Stütze benutzen dürfen, fügt er sich wie selbstverständlich in die Gestaltung ein.

1 Akeleien sind eigentlich recht standfest, aber ihre elfenähnlichen Blütenglocken verleihen den urigen Holzpfosten einen natürlich wirkenden Schmuck.

2 Die Stockrose ist eine der bekanntesten Bauerngartenpflanzen, die man traditionsgemäß entlang von Mauern oder Zäunen setzt. Sie macht sich mit entsprechenden Begleitpflanzen besonders gut im ländlichen Garten, kann als Solistin und in einer Farbsorte aber auch sehr formal wirken.

Zäune sind im Garten einfach unersetzlich, denn sie grenzen bestimmte Bereiche ab. Mit einem Holzzaun können Sie auf charmante Weise Ihren Rückzugsort definieren.

»Halt, ab hier beginnt mein Bereich!« Ein Zaun ist wohl die unmissverständlichste Art anderen zu zeigen, wo der Bereich beginnt, an dem man ungestört sein möchte. Das muss nicht bedeuten, dass man sich komplett von der Umgebung abschottet, sondern oft genügt schon ein symbolischer Durchlass, der aus wenigen Deko-Zaunelementen bestehen kann.

Auch dem eigenen Ich kann man mit solch einer sichtbaren Zäsur klarmachen, dass hinter dem Zaun der Teil des Gartens liegt, an dem man nicht nur dafür sorgt, dass alles wächst und gedeiht und hübsch aussieht, sondern vielmehr die Ecke liegt, wo man sich auf sein Inneres konzentrieren kann. Wie genau Ihr »happy place« aussieht, ob dort wie in diesem Beispiel große Kübel mit den Lieblingsrosen stehen oder ob Sie den Platz ganz reduziert gestalten, das bleibt ganz Ihnen überlassen.

1

Schöne Ein- und Ausblicke

1 Malerisch legt die Kletterrose ihre pinkfarbenen Blüten über den Holzzaun. Sie macht neugierig: duften ihre Blüten, wie sehen sie aus der Nähe betrachtet aus? Diese Art von Zaungestaltung ist nicht abweisend, sondern lädt zum Nähertreten ein und weckt die Neugierde, was uns wohl auf der anderen Seite erwartet.

2 »Der gestohlene Blick« nennt sich ein Gestaltungsmittel der Gartengestaltung. Gemeint ist damit, die Aussicht in die Landschaft miteinzubeziehen. Dieses schlichte Gartentor eröffnet beim Durchtreten den Blick in die Welt außerhalb des Gartens und sensibilisiert den Gärtner dafür, das Schöne in der Umgebung wahrzunehmen.

Der Blick über den Gartenzaun kann vielerlei bewirken: Sie entdecken die Landschaft oder den Nachbargarten dahinter und zugleich öffnen Sie sich damit für neue Einflüsse, die nicht aus Ihrem gewohnten Umfeld stammen. Zugegeben, dieser Blick kann manchmal ernüchternd oder beängstigend sein, meist aber erleben wir ihn als befreiend, weil man seinen eigenen Kosmos für einige Zeit verlässt.

Sie können es sich zum Ritual machen, bei jedem Gartenrundgang das Tor im Zaun zu öffnen, durchzutreten und den Blick, der sich Ihnen nun bietet, auf sich wirken zu lassen. Richten Sie Ihre Aufmerksamkeit auf den Horizont, den Himmel, die Gehölze. Bald werden Sie merken, wie sich bei jedem neuen Ausblick die Landschaft verändert. Mit Empathie kann man die Vorboten der sich wechselnden Jahreszeiten

wahrnehmen. Frisch »gestärkt« mit diesen Eindrücken können Sie sich nun wieder den eigenen Pflanzen zuwenden. Das Tor wird wieder geschlossen und lenkt die Achtsamkeit des Gärtners auf das eigene Refugium.

Geliebte Laube

Durch ihre Überdachung und die Einfassung ist sie ein besonderer Sitzplatz, der uns abseits der Hauptterrasse eine Rückzugsmöglichkeit ins Private bietet.

Die leichte Metallkonstruktion dieser Laube wird von aufstrebenden Kletterrosen mit kräftigem Wuchs erobert. Das Innere ist während des Sommers in diffuses Licht getaucht, denn die dichte Beblätterung schirmt viel Sonnenlicht ab. Ein angenehmer Nebeneffekt ist die Kühle, die einen hier auch an heißen Tagen umfängt.

Wer sich hierhin zurückzieht, entzieht sich den Blicken anderer, ohne sich völlig abzuschotten. Von innen aus genießt man durch die offene Seite einen freien Blick in den Garten. Die sprießenden Triebe der Kletterpflanzen vermitteln ein behagliches Gefühl und man fühlt sich der Natur nah. Dazu trägt auch die Unterpflanzung der Rosen bei, die sich mit ihren Blättern vorwitzig ins Innere der Laube ausbreitet. Wer hier Platz nimmt, kann völlig abschalten und sich ganz den Sinneswahrnehmungen hingeben: Pflanzendüfte wirken unter der Laubenkuppel viel intensiver, während die Geräusche des Gartens angenehm gedämpft sind.

1 In der Laube fühlt man sich so geborgen wie im Inneren eines Kokons. Das viele Grün beruhigt die Sinne und der Duft der Blätter und Blüten verstärkt das Bewusstsein, hier den Pflanzen ganz nah zu sein.

Philosophenbank

Wer sich an einen derart abgeschiedenen Ort wie dieser Laube im Kleinformat zurückzieht, muss ein wahrer Denker sein – vermutete man und gab der Philosophenbank ihren poetischen Namen. Charakteristisch für sie ist ein Aufbau aus Holz mit geschlossener Rückwand, einem regenabweisenden Dach und den meist als Rankgerüsten ausgebildeten Seitenteilen. Eine Philosophenbank bietet dem hier Sitzenden Schutz von allen Seiten. Aufgestellt an einem Ort mit schöner Aussicht, kann man seine Blicke und Gedanken auf Reisen schicken.

Ein Platz für mich

Haben Sie eine Stelle im Garten, die Sie besonders gerne mögen? Oft kann man gar nicht genau sagen woran es liegt, aber es lohnt sich, sie »besitzbar« zu machen.

Ist es die Ruhe und Abgeschiedenheit, die Sie an Ihrem Lieblingsplatz schätzen? Oder zieht sie eine besondere Pflanze immer wieder an diese Stelle? Vielleicht ist es aber auch der Platz, an dem man eben nicht daran erinnert wird, schnell mal das Unkraut jäten oder zur Gießkanne greifen zu müssen. Wenn Sie sich hier gerne länger aufhalten, ist es kein großer Aufwand, dort einfach einen schönen Stuhl aufzustellen.

Stühle und Bänke aus Holz sind gewiss nicht die erste Wahl, wenn es um die Haltbarkeit von Gartenmöbeln geht. Aber auch hier gilt, dass sich kein anderes Material so natürlich und harmonisch in den Garten einfügt. Und man sitzt darauf einfach gut, denn Holz ist immer angenehm temperiert.

Einladung zur Aromatherapie

In Momenten, in denen man zur Ruhe kommt, ist man besonders empfänglich für Sinneseindrücke. Wie schön, wenn man dann am Lieblingsplatz von herrlichem Blütenduft umfangen wird! Neben der Bank oben wächst ein dichter Busch Schopflavendel, dessen Blätter und Blüten den typisch würzigen Duft des Südens verströmen, der einen sofort in Urlaubsstimmung versetzt. Im unteren Beispiel sind es duftende Rosen, die der Bank Rückendeckung geben.

Weitere Bankdufter:
- Pfeifenstrauch
- Flieder
- Phlox
- Ziertabak
- Currykraut
- Salbei

Holzstege einmal anders

Holzstege, einmal nicht am Wasser, sondern zur Gestaltung einer ganz besonderen Gartenecke: Das ist eine außergewöhnliche Idee, die viele Nutzungsmöglichkeiten eröffnet.

Die Ausgangslage:
Die hohe Klinkermauer grenzt den Garten schützend ab. Daran rankende Kletterpflanzen sorgen für einen schönen Übergang in den Garten, allerdings wirkt die Mauer immer noch zu mächtig.

Die Idee:
Mit Holzstegen und vielen Pflanzen verschiedene Ebenen schaffen, damit der Übergang zur hohen Mauer sanfter verläuft.

Die Nutzung:
Die Stege sind breit genug, um darauf zu sitzen, zu liegen und eignen sich ebenso für eine größere Runde als auch für eine private Ruheinsel.

Hoch gestapelt

Ist es eine Beeteinfassung, ist es ein Sitzplatz? Beides! Bei dieser Gestaltung ist das Kunststück gelungen, mit ganz einfachen Mitteln ein Hochbeet, das von nicht sehr attraktiven Betonsteinen gehalten wird, aufzuwerten und harmonisch in den Garten einzubinden.

Dazu verwendet man massive Baudielen, die man mit Kanthölzern als Abstandshalter aufeinanderschichtet. Durch die stufenförmige Anordnung entsteht ein improvisierter Sitzplatz. Wer hier Platz nimmt, befindet sich mit den Pflanzen auf Augenhöhe und kann sie aus ungewohnter Perspektive erleben und genießen.

Alles, was Sie brauchen:

• Baudielen
• Kanthölzer
• Edelstahlschrauben

Individuelle Meditationsecke

Wenn wir mit uns und unseren Gedanken alleine sein möchten, braucht es keinen aufwändig inszenierten Ort. Vielmehr sind es dann die eher schlichten, informellen Plätze, zu denen es uns zieht.

Holz ist für das Einrichten solcher Ecken das ideale Baumaterial, da es so vielgestaltig und leicht zu verbauen ist.

Das obere Gestaltungsbeispiel zeigt, wie man die Erinnerung an einen geliebten Baum bewahren kann und gleichzeitig eine ganz persönliche Sitzgelegenheit schafft. Ein Baum im Garten musste gefällt werden; für den Gärtner eine sehr traurige Entscheidung. Also ließ er vom Schreiner aus dem Stamm ein massives Sitzbrett sägen und glätten, dass dann bei der der Konstruktion der Sitzbank zur Verwendung kam.

Auch im unteren Gestaltungsbeispiel wurde eine Kombination aus Rundhölzern und Holzbrettern verwendet. Allerdings wirkt diese Bank viel »aufgeräumter« und geradliniger. Das ist der Platz für Gärtner, die ein klares Umfeld brauchen, um zur inneren Ruhe zu finden.

Die Beispiele zeigen, wie wichtig es ist, dass Sie bei der Gestaltung Ihres Meditationsplatzes Ihrem ganz persönlichen Sinn für Ästhetik folgen.

1 Die Wahl der Baumaterialien und ihre Konstruktion passen gut in einen ländlich-rustikalen Garten. Mit dem Holz-Flechtzaun im Rücken fühlt man sich an diesem Ort sicher und geborgen.

2 Bei der modernen Variante dienen die Rundhölzer als Korpus und werden von schlichten Brettern zusammengehalten. Das daneben angelegte Wasserbecken korrespondiert mit der geradlinigen Form.

Sie sind mehr als nur »Gartendeko«, denn das Material lebt und verändert sich mit der Zeit. Wie lieb gewonnene Freunde begleiten sie uns durch unser Gärtnerleben.

Manchen Menschen hilft es, wenn sie an ihrem Ort der inneren Einkehr eine Skulptur betrachten können, zu der sie einen besonderen Bezug haben. Objekte aus Treibholz eignen sich dafür wunderbar, denn durch ihre witterungsgegerbte Oberfläche haben sie Geschichten zu erzählen.

Treibholz findet man am Ufer von Flüssen, an Seen oder am Meeresstrand. Wenn Sie gezielt auf die Suche gehen möchten, bieten sich die Tage nach stürmischem Wetter mit aufgewühltem Wasser an. Im Unterschied zu frischem Holz ist Treibholz erstaunlich leicht, sodass Sie ruhig mehrere Stücke aussuchen und mitnehmen können.

An Ihrem Lieblingsplatz im Garten entscheiden Sie dann, wie Sie die Stücke integrieren möchten. Wägen Sie achtsam ab, welche Formen und Strukturen Ihnen besonders zusagen. Wenn die Holzskulpturen wie in diesem Beispiel aufgestellt werden sollen, ist es ratsam, sie mit Hilfe einer Metallstange standfest im Boden zu verankern.

Holzskulpturen

Fantasiewesen

Ein Drache oder doch nur eine harmlose Ziege? Eine Skulptur wie diese regt unsere Sinne an und ist Spiegel unserer Kreativität.

1. Sammeln Sie auf einem Spaziergang mehrere Treibholzstücke, deren Form sie besonders anspricht.

2. Nehmen Sie sich Zeit, die Stücke auf sich wirken zu lassen. Probieren Sie aus, ob sich die Einzelstücke zu einem großen Ganzen verbinden lassen. Vielleicht erkennen Sie in einem davon eine bestimmte Gestalt, die Sie inspiriert.

In Bewegung

Mit kühnem Schwung präsentiert sich die Holzskulptur zwischen dem Gräsermeer. Soll es eine Person sein, die sich da genüsslich langstreckt, ist es eine Ode an die Form? Wieder bleibt Raum für Interpretationen. Von großem gestalterischen Gespür zeugt die Idee, die Skulptur allein mit Chinaschilf zu umpflanzen. Ein Ort, der uns beim bloßen Betrachten neuen Schwung verleiht.

EINFACH DRÜBERSTEHEN

Als Kind haben die meisten von uns davon geträumt: Ein Baumhaus, eine eigene Welt für sich, in die Erwachsene keinen Zutritt haben und die man nur über eine abenteuerliche Kletterpartie erreichen kann. Warum träumen wir Erwachsenen eigentlich nicht mehr davon?

Stellen Sie sich vor, ein Baumhaus wäre Ihr Rückzugsort: Jedes Mal, wenn man hinaufklettert, begibt man sich an einen Ort, der einige Meter über der Erde liegt. Die Perspektive ändert sich. Man hat einen anderen Blick auf den Garten und auf die Welt an sich – man steht ja im wahrsten Sinne »über den Dingen«. Gleichzeitig ist man dem Baum ganz nah. Man kann sich an seinen Stamm anlehnen, ihn fühlen und wird von seinem Blätterdach schützend beschirmt. Wenn Sie zu den Menschen gehören, die einen besonderen Bezug zu Bäumen haben, werden Sie sich in einem Baumhaus gewiss geborgen fühlen.

Vielleicht steht in Ihrem Garten noch das Baumhaus Ihrer Kinder. Wie schnell waren Sie doch dem Alter entwachsen, als sie es als Spiel- und Rückzugsort genutzt haben. Wenn Sie es nun für sich nutzen möchten, sollten Sie überprüfen, ob es noch den Sicherheitsanforderungen entspricht und den Zugang bei Bedarf erleichtern.

Für den Fall, dass Sie ein ganz neues Baumhaus errichten möchten, sollten Sie einen gut verästelten, stabilen Baum wählen. Für den Anfang genügt es, wenn Sie sich eine Art Hochsitz errichten. Sollten Sie sich hier oben tatsächlich so wohl fühlen, wie erhofft, lohnt sich eine aufwändigere Konstruktion mit Wänden und Dach.

Übrigens kann man sich auch im Urlaub in die Wipfel der Bäume begeben: Sowohl im In- als auch Ausland gibt es so genannte Baumhaushotels, die eine Übernachtung inmitten der Bäume anbieten.

Meditationsübung

KLANGSPIEL INSTALLIEREN

Der Klang von Holz, das aufeinander schlägt, hat etwas sehr Beruhigendes. Man kann solche Wand- und Klangspiele aus Bambus zwar fertig kaufen, aber ein selbst gebautes schafft einen viel persönlicheren Bezug. Und bereits beim Konstruieren kann man den verschiedenen Klangtönen nachspüren.

1. Sägen Sie so viele Holzleisten zurecht, wie Sie für Ihr Klangspiel verwenden möchten. Als Alternative können Sie auch Treibhölzer sammeln, die Sie alle auf eine ähnliche Länge zusägen.

2. Bohren Sie nun in jedes Holzstückchen ein Loch, durch das man die Schnur zur Aufhängung führen kann. Bei diesem Arbeitsschritt arbeitet man einfacher zu zweit, weil dann einer das Holz fixieren kann.

3. Die Holzstöckchen hängt man nun mit Schnüren an einem Gerüst auf. Das kann wie hier aufwändig mit mehreren Ästen in Form eines Gitters konstruiert oder ein einfacher Ast sein. Wählen Sie den Platz, an dem Sie das Klangspiel installieren möchten, mit Bedacht. Die Holzstäbe müssen frei beweglich sein.

"*Nichts ist für mich mehr Abbild der Welt und des Lebens als der Baum. Vor ihm würde ich täglich nachdenken, vor ihm und über ihn ...*"

Christian Morgenstern

Wasser

Quelle des Lebens

Gezähmtes Wasser

Mit einem Wasserbecken können wir dem Wasser als Lebenselement auch bei geringem Platzangebot einen Raum in unserem Garten geben.

Fahren Sie mit der Hand gerne durchs Wasser? Spüren Sie es? Wasser ist nicht zu greifen, es rinnt förmlich zwischen den Fingern hindurch und doch übt es eine starke Faszination auf uns Menschen aus – oder vielleicht gerade deshalb. Möchten Sie es in Ihren Garten integrieren, brauchen Sie ein passendes Behältnis, das es fassen kann.

Becken aus Naturstein sind eine ästhetisch perfekte Wahl, weil sie an das natürliche Vorkommen des Wassers erinnern. Bei der Auswahl kann man sich am übrigen Stil des Gartens orientieren oder aber seine ganz persönliche Lieblingsecke gestalten.

In Japanischen Gärten sind die typischen Wasserbecken eng mit der Tradition der Teezeremonie verbunden oder dienen am Eingang eines Zengartens dazu, sich vor der Meditation äußerlich und symbolisch auch innerlich zu reinigen.

Das Tsukubai

Das niedrige Wasserbecken aus Naturstein wird durch das entsprechende Zubehör zum japanischen Reinigungsbecken.

1. *Ein Bambusrohr führt dem Becken stets frisches Wasser zu. Das Wasser läuft über den Beckenrand, wo sich in der steten Feuchte gerne Moos ansiedelt.*

2. *Ein Überlaufbecken unter dem Tsukubai, in dem sich das Wasser sammelt und eine Pumpe installiert ist, gewährleistet einen kontinuierlichen Wasserkreislauf.*

Schwimmende Blüten

Man braucht nur den Blüten zuzusehen, wie sie anmutig auf der Wasseroberfläche treiben, und schon überträgt sich etwas von ihrer unbeschwerten Leichtigkeit auf uns selbst. Für diese kleine Meditationsübung braucht es wirklich nicht viel, denn bereits eine kleine Wasserschale reicht aus. Setzen Sie die Blüten behutsam auf die Wasserfläche und beobachten Sie, wie sich ihre Blütenblätter dem Wasser anschmiegen und zu schwimmen beginnen.

Funktional und schön

Sogar ein funktionelles Wasserbecken, das eigentlich zum Auffüllen der Gießkanne dient, kann bei entsprechender Gestaltung zum Ort der inneren Einkehr werden.

1. Pflanzen Sie Röhricht und Seerosen, die das schlichte Becken mit Leben füllen.

2. Das ruhende Wasser spiegelt den Himmel und den, der hineinblickt. Was sehen Sie? Tauchen Sie erst die Hände, dann die Unterarme ein und spüren Sie, wie das Wasser sie umfließt.

1 Eine Keramikschale ist die einfachste Form, Wasserpflanzen anzusiedeln. Es gibt Seerosensorten, die mit sehr geringer Wassertiefe auskommen. Wichtig ist, dass die Schale nicht ständig in voller Sonne steht, sonst wird das Wasser zu warm und es bilden sich übermäßig viele Algen.

2 Der alte Futtertrog aus Sandstein kommt als Wasserbecken zu neuen Ehren. Auf dem Wasser treibende Seerosenblüten und die von Efeu umwucherte Wasserpumpe bieten zusammen ein friedliches Bild, dessen purer Anblick Entspannung verheißt.

2

Alles im Fluss

Von fließendem Wasser geht eine besondere Faszination aus. Im Garten kann man das flüssige Element mit einer Wasserrinne kanalisieren und sich an seiner Lebendigkeit erfreuen.

Der Blick auf fließendes Wasser erinnert uns daran, dass im Leben nichts stillsteht. Wie das Wasser fließen auch unsere Gedanken immer weiter. Wenn Sie gerade mit etwas hadern, können Sie sich beim Betrachten des Wasserlaufs bewusst machen, dass selbst unangenehme Momente vergehen und neue, schöne kommen werden.

Ursprünglich hatten kleine Kanäle die Funktion, Wasser zur Bewässerung im Garten zu verteilen und Zulauf und Abwasser zu sammeln. Heute nutzt man Wasserrinnen als gestalterisches Element und macht sich den kühlenden Effekt fließenden Wassers zunutze. Gerade an heißen Tagen kann man merklich spüren, dass es in der Umgebung einer Wasserrinne kühler ist.

Woher kommt das Wasser, wohin fließt es? Erst der Ursprung und das Ende eines Wasserkanals machen die Gestaltung komplett. Deshalb empfiehlt es sich, einen gut sichtbaren Wasserzulauf in Form eines Wasserspeiers oder Wasserspenders einzuplanen und auch das Sammelbecken am Ende des Kanals als solches zu präsentieren.

1 Hier ist das Element Wasser harmonisch in die Gestaltung mit Wandbrunnen und Pflanzen integriert. Alle drei Gestaltungselemente sind miteinander auf sehr natürliche Art und Weise verwoben. Dieser Platz strahlt Harmonie aus, die sich wie selbstverständlich auf den Betrachter überträgt.

Wasserlauf im Verborgenen

Inmitten der naturnah wirkenden Bepflanzung aus Gräsern und blauen Stauden liegt die von kleinen Schieferplatten gefasste Wasserrinne. Hier möchte man am liebsten seine Schuhe ausziehen und barfuß die Rinne abgehen, dabei an den Füßen die Wärme der Platten und an den Armen das Streicheln der Pflanzen spüren. Durch nahezu ausschließliche Verwendung blauer Blüten wird der kühlende Sinneseindruck noch verstärkt, den das Wasser hervorruft. Keine andere Blütenfarbe spiegelt die erfrischende Wirkung von Wasser so gut wider wie Blau.

Blaue »Wasserblüten«:

- *Schwertlilie (Iris sibirica)*
- *Dreimasterblume (Tradescantia)*
- *Rittersporn (Delphinium)*
- *Herbstaster (Aster)*
- *Glockenblume (Campanula)*
- *Natternkopf (Echium vulgare)*
- *Zierlauch (Allium)*
- *Hohes Eisenkraut (Verbena bonariensis)*

Muntere Wassersprudler

Können Sie beim Geräusch von sprudelndem und plätscherndem Wasser entspannen? Dann ist ein Wasserspiel in der Nähe Ihres Lieblingsplatzes genau das Richtige!

Wasser ist zwar nicht zu fassen, aber sehr wohl zu hören. Von einer Pumpe in die Höhe gedrückt, fängt es an zu gurgeln, zu plätschern, zu sprudeln. Auf viele Menschen wirkt das gleichförmige Geräusch beruhigend und sie empfinden es als angenehme Untermalung.

Welches Modell eines Wassersprudlers Sie wählen, entscheidet Ihre ganz persönliche Vorliebe und der Stil Ihres Gartens. Von faszinierender Schlichtheit präsentiert sich diese Dreiergruppe aus unterschiedlich hohen Sprudelquadern. Das Auffangbecken befindet sich unsichtbar unter der Kiesauflage, sodass nichts von der schlichten Gestaltung ablenkt. Unbekümmert schwingt sich das filigrane Gras ins Bild und bricht damit die Starrheit der klaren Formen auf. Dank dieses überraschenden Gegensatzes wirkt die Szenerie trotz ihrer Reduziertheit niemals langweilig, sondern belebt die Sinne.

Gartengeheimnis

Die kleine Sprudel-Schnecke versteckt sich ganz bescheiden zwischen den ausladenden Funkienblättern.

1. Durch die geringe Höhe und das flache Auffangbecken ist dieser Bereich stets luftfeucht, was dem Wachstum der Funkien sehr zugute kommt.

2. Man muss schon wissen, wo man diesen Gartenschatz findet. Selbst wenn Sie ihn nur aufsuchen, um nachzuschauen, ob die Pumpe noch funktioniert oder vielleicht Blätter hereingefallen sind, ist das Ihr persön-licher, geheimer Platz.

Kleine Pumpenkunde

Um Quellsteine oder Wasserspiele zum Sprudeln zu bringen, braucht es eine Pumpe, die das Wasser aus dem Wasservorrat nach oben zur Austrittsöffnung transportiert. Selbst bei kleineren Pumpen kann man die Stärke des Drucks einstel-len, sodass das Wasser mal mehr, mal weniger stark sprudelt. Testen Sie, welches Sprudelgeräusch Sie als angenehm empfinden.

Bewegtes Wasser

1 Der Wasserfall verleiht diesem Garten besondere Weitläufigkeit. Durch die Gestaltung mit Steinplatten und die üppige Uferbepflanzung erscheint er völlig natürlich. Auf dem großen flachen Stein über dem Wasserlauf kann man gut zum Meditieren Platz nehmen. Ganz Mutige wählen die Stelle direkt unter dem Wasserfall.

2 Über unzählige Stufen fließt der Bachlauf wie ein Wasserfall sanft durch den Garten. Seine Ufer sind dicht bepflanzt, aber es bleibt der Weg durch das Wasser, die Stufen hinauf oder hinab. Um nicht auszurutschen, muss man diesen Wasserpfad sehr achtsam begehen und hat dabei reichlich Gelegenheit, alle Sinneseindrücke wahrzunehmen.

*I*n allen Kulturen spielt(e) der Wasserfall als reinigende und vitalisierende Kraft eine ganz spezielle und wichtige Rolle.

Mythen und Legenden berichten davon, dass hinter dem Wasserfall der Eingang in eine andere Welt liegt. Tatsächlich hat es etwas Märchenhaftes, einen Wasserfall in den Garten zu integrieren. Was anfangs vielleicht nach einem Mammutprojekt aussieht, ist gar nicht so schwierig zu realisie-

ren, weil man nicht unbedingt ein Gefälle braucht, um die Fallhöhe zu erreichen. Im Beispiel links ergießt sich das Wasser aus der Steinmauer hinab in das natürlich wirkende Auffangbecken.

Die reinigende und vitalisierende Kraft, die dem Wasserfall zugeschrieben wird, nutzen Mönche in den Bergregionen Japans für die Wasserfall-Meditation, *Taki-gyo* genannt. Das wortwörtlich übersetzte

»Stehen unter dem Wasserfall« steigert die mentalen und körperlichen Fähigkeiten der Mönche.

Natürlich muss nicht jeder so wagemutig sein, um den meditativen Effekt des fallenden Wasser genießen zu können. Es genügt schon ein gut ausgewählter Stein, auf den man sich in die Nähe eines Wasserfalls setzen und seine ganz besondere Kraft bewundern kann.

Der Teich: Spiegel des Himmels

Das stehende Wasser in einem Teich wirkt wie Spiegelglas und holt den Himmel auf Erden. Jeder Teich ist ein eigenes Ökosystem, das uns besondere Naturerlebnisse schenkt.

Am Teich herrscht immer Leben: Seerosenblüten treiben auf dem Wasser, Schilf wiegt sich im Wind und Libellen schwirren über die Wasseroberfläche. Kein Wunder, dass ein Teich immer eine Bereicherung für den Garten ist!

Es gibt vielerlei Möglichkeiten, wie man einen Teich anlegt, angefangen von der Bauart bis hin zur Gestaltung im formalen oder natürlichen Stil. Beobachten Sie sich selbst, welche Bilder Sie besonders ansprechen und entscheiden Sie sich dann für einen Stil.

Fertigteichbecken aus Kunststoff sind schnell verlegt und besitzen vorgeformte Tiefenzonen. Die Verlegung von Teichfolie ist etwas aufwändiger, eröffnet aber mehr Gestaltungsspielraum. Planen Sie unbedingt gleich Ihren Beobachtungsposten oder Sitzplatz ein, damit Sie das Teichleben und die Ruhe aus nächster Nähe genießen können.

Symbol der Unendlichkeit

Etwas ganz Besonderes ist ein rund geformter Teich, der durch seine Form die Unendlichkeit des Lebens symbolisiert.

1. Eine Frage des Standorts: Ein runder Teich zieht viel Aufmerksamkeit auf sich. Wenn Sie ihn für sich als Rückzugsort nutzen möchten, sollten Sie sich dafür einen Platz in einem Randbereich des Gartens reservieren.

2. Harmonisch gestaltet: Die üppige Bepflanzung der Beete findet sich auch im dichten Pflanzenbesatz des Teichs wieder. Allerdings sollte die Hälfte der Wasseroberfläche frei von Pflanzenbewuchs sein.

Ein Teich im Hochbeet

1. Er ist zwar nicht sehr groß, hebt aber die Wasserwelt auf Augenhöhe. Möglich macht das die Auskleidung des Hochbeets mit Teichfolie. Der breite Rand sorgt dafür, dass man sich bequem abstützen kann, um den sich spiegelnden Himmel und die Wasserpflanzen bestaunen zu können.

2. Eine abwechslungsreiche Gestaltung und die Bepflanzung mit Röhricht, Seerosen und Schwimmpflanzen macht das kleine Becken zum geliebten Rückzugsort.

Leben am Wasser

Ein Teich oder Bachlauf ist eine Welt für sich. Hier finden Pflanzen und Tiere ihren Lebensraum, die man nirgendwo sonst im Garten antrifft.

Finden Sie Ihr Glück in stiller Naturbeobachtung? Macht es Ihnen Freude zu beobachten, wie die Flügel einer Libelle im Flug aufblitzen und erfüllt es Sie mit Freude, wenn sie den Spatzen beim Bad am Teichufer zusehen können? Nach einem stressigen Tag gibt es tatsächlich oft nichts Besseres, als sich am Teichufer einen Platz zu suchen und in den Mikrokosmos dort einzutauchen. Das ist der Ort, an dem sich viele Alltagssorgen relativieren.

Wenn Sie einen Teich anlegen, empfiehlt es sich, sich über die verschiedenen Teichzonen zu informieren. Auch ein Gartenteich ist ein sensibles Ökosystem, das am besten ins Gleichgewicht kommt, wenn man gleich bei der Anlage die wesentlichen Voraussetzungen schafft. So ist es wichtig, dass Sie neben Seerosen und Uferstauden auch Unterwasserpflanzen in den Teich einsetzen. Diese haben bei der Sauerstoffversorgung des Wassers entscheidende Bedeutung.

Libelle & Co

Sie werden staunen: Kaum hat man den Teich oder Bachlauf mit Wasserpflanzen und Uferstauden bestückt, stellt sich die typische Teichfauna ganz von selbst ein. Die Eier und Larven von Libellen, Gelbrandkäfer, Wasserläufer und dem faszinierenden Rückenschwimmer gelangen mit den eingesetzten Pflanzen in den Teich.

1 *Schattenspiele am Teich: Im beruhigenden Grün, das der Teppich aus Wasserlinsen auf den Teich legt, spiegelt sich die Uferbepflanzung auf geheimnisvolle Weise. Streift man die Wasserlinsen behutsam zur Seite, blickt man ins klare Wasser. Eine Metapher, die sich auch auf den Alltag übertragen lässt und uns manchmal hilft, Dinge klarer zu sehen.*

2 *Kaum zu glauben: Winzige Wasserlinsen gehören wie die riesige Sonnenblume auch zu den Blütenpflanzen. Allerdings besitzen ihre Blüten keinen Kelch und keine Krone und sind mit dem bloßen Auge kaum wahrzunehmen. Auch ihre übrigen Teile sind auf das Wesentlichste beschränkt. Schöpfen Sie ruhig einmal mit der Hand einige der Winzlinge aus dem Wasser und betrachten sie genau. Unter jeder Pflanze, die genau aus einem Blatt besteht, sitzt eine einzelne Wurzel.*

MINIKASKADE ERRICHTEN

*N*och schöner als ein gekauftes Wasserspiel ist ein selbst gemachtes. Für dieses Modell hier braucht man flache Schieferplatten, die sich gut aufeinanderlegen lassen. Man kann sie beim Steinmetz kaufen, aber einfacher ist es, wenn man sie selbst zusammensucht, da sie unterschiedliche Größen haben sollten. Flache Steine finden Sie an Flussufern oder in einem Steinbruch. Erkundigen Sie sich, ob es bei Ihnen in der Nähe einen Besuchersteinbruch gibt, wo man selbst Steine sammeln darf.

Wählen Sie Steine unterschiedlicher Größen und so viele, wie die Kaskade hoch werden soll. Durch jeden Stein muss man nun möglichst mittig ein Loch bohren, das etwas dicker im Durchmesser ist als das Steigrohr der Pumpe. Zum Bohren spannen Sie die Steine am besten in einen Bohrständer ein und verwenden einen Schlagborer für Betonmauerwerk. Es empfiehlt sich, erst ein kleineres Loch vorzubohren und dann mit dem größeren Bohrer das Loch auf den gewünschten Durchmesser zu vergrößern.

Als Sammelbecken fürs Wasser eignet sich ein solider Maurerkübel aus Kunststoff. Man hebt zunächst die Erde aus und füllt die Sohle der Mulde etwa 15 Zentimeter hoch mit Kies oder Füllsand. Der dann eingesetzte Kübel sollte eben mit dem Erdniveau abschließen. In die Mitte des Beckens legt man einen umgedrehten U-Stein aus Beton und befüllt den Maurerkübel zunächst etwa bis zur Hälfte mit Wasser. Von außen schlämmt man den Kübel ringsum mit Füllsand ein, damit sich ein guter Bodenschluss bildet.

Die Tauchpumpe wird in der Mitte des U-Steins platziert und das Steigrohr aufgesteckt. Nun die durchbohrten Steinplatten der Größe nach aufschichten. Die erste Platte sollte groß genug sein, dass sie stabil dem U-Stein aufliegt. Jetzt fehlt nur noch die Abdeckung des Sammelbeckens. Dazu eignet sich am besten ein Drahtgitter, das man mit einer Kiesauflage kaschiert.

WASSERMEDITATION

1. Nehmen Sie zuerst mit dem Element Kontakt auf, indem Sie etwas Wasser mit der Hand schöpfen. Achten Sie auf Ihre Sinnesempfindungen: Empfinden Sie das Wasser als kalt oder warm? Tauchen Sie nun die Hände und Unterarme ins Nass. Tupfen Sie sich etwas davon ins Gesicht und den Nacken. Spüren Sie dabei die belebende Energie des Wassers.

2. Nun ist es Zeit, sich bequem vor das Wasserspiel zu setzen und die Augen zu schließen. Jetzt können Sie sich voll und ganz auf die Geräusche des Wassers konzentrieren. Achten Sie dann auf Ihre Atmung und stellen Sie sich vor, wie sich die Frische des Wassers mit der Luft vermischt und ihr Körper sich beim nächsten Atemzug mit dieser Vitalität füllt.

3. Halten Sie Ihre Augen weiterhin geschlossen und begeben Sie sich auf eine Fantasiereise. Stellen Sie sich vor, Sie sitzen an einem Flussufer und ihr Leben zieht wie das Wasser an Ihnen vorüber. Trotz aller Windungen, Gefälle und Hindernisse bahnen Sie sich den Weg durch alle Unwegsamkeiten, bis Sie mit dem Fluss Ihr Ziel, das Meer, erreichen.

"Bei einem Fluss ist das Wasser, das man berührt, das letzte dessen, was vorübergeströmt ist, und das erste dessen, was kommt. So ist es auch mit der Gegenwart."

Leonardo da Vinci

Natürliche Ästhetik in den Garten gebracht

Privatgarten in Bremerhaven

Der Garten war in seinen Grundzügen bereits angelegt und doch erlebte das Ehepaar hier am Koi-Teich nicht die Entspannung, die es sich erhofft hatte. Also besuchten sie Wolfgang Hess, den Gartenplaner und Kenner japanischer Gartenkunst, in seinem Zen-Kloster Liebenau und beauftragten ihn anschließend mit der Umgestaltung.

1 *Der Wurzelbereich des Amberbaums wurde mit Mooshügeln harmonischer gestaltet. In die Steinplatten eingesetzte Buchsquader versinnbildlichen die Verknüpfung der Zivilisation mit der Natur.*

*M*eine Steine liegen schief«, war die Quintessenz, die der Besitzer dieses formal-architektonischen Gartens nach einer Beratung durch Wolfgang Hess mitnahm. Tatsächlich war sein Garten zwar im japanischen Stil angelegt, aber es fehlte ihm die Seele. Also nahm sich der erfahrene Gartengestalter seiner an. Zunächst standen die Neuplatzierungen der Steine an und auch der Ahorn kam durch eine Umpflanzung viel besser zur Geltung. Er war ziemlich zugewuchert und musste erst einmal frei geschnitten werden. »Bäume sollen im Japanischen Garten möglichst locker aufgebaut sein, damit man sieht, was sich dahinter versteckt«, erklärt Wolfgang

Hess. »Außerdem ist es wichtig, viel Rinde zu sehen, denn dies signalisiert unserem Unterbewusstsein, dass genügend nutzbares Feuerholz vorhanden ist und schafft eine entspannte Atmosphäre.«

Der Bambus war im Begriff, große Gartenteile zu überwuchern, da seinem Ausbreitungsdrang keine Grenzen gesetzt waren. Sein Wurzelbereich wurde deshalb mit einer Betonmauer als Rhizomsperre ummantelt. Die scharfe Kante am Übergang von der Platteneinfassung des Teichs zur Kiesfläche wurde aufgelöst, indem man einige Platten herausnahm. Die geschnittene Buchshecke darf sich eng mit dem Kies verzahnen.

1 Buchskugeln und Moos begrünen den stufig gestalteten Hang am Gartenende. Die Steine sind so platziert, dass sie in Bezug zueinander stehen. Das Wachstum des Bambus halten inzwischen Wurzelsperren im Zaum.

2 Dem Ahorn kommt eine zentrale Rolle zu, da er die Strenge der Linien auflöst. Der feine Splitt in der Kiesfläche bleibt beim Harken gut in den gewünschten Linien liegen.

3 Neu verlegte Trittsteine in der Kiesfläche schaffen einen natürlichen Durchgang, wo früher ein Umweg nötig war. Das Wasserbecken wird von Japanischem Berggras umarmt.

1

1 *Blick vom Zen-Garten Richtung Teich: Hier wird der japanische Gartenstil durch einen rein formalen Stil abgelöst. Zutaten sind die symmetrisch platzierten hohen Pflanzgefäße beiderseits der Liegestühle und das auffällige Formschnittgehölz dahinter.*

2 *Blick vom Liegestuhl aus Richtung Zen-Garten: Am auffälligsten ist zunächst der prächtige Bonsai, der auf einer Insel im Koi-Teich steht. Danach wandert der Blick weiter und beginnt, die harmonisch angelegte Zen-Landschaft im Hintergrund zu erkunden.*

D ie Besitzer dieses Gartens betreiben zwar keine aktive Meditation, doch schätzen sie es sehr, auf den Liegestühlen sitzend mit Blick über den Koi-Teich entspannende Momente zu genießen. Seit ihr Gartengestalter Wolfgang Hess die Elemente des Zen-Gartens wie Steine, Buchsbäume und Moos in einen stimmigen Kontext zueinander setzte, steht diesem Genuss nichts mehr im Wege.

Einen Teil des Zaubers machen exakte Linien und Formen aus. Die Eibenhecke an der Gartengrenze, die Buchsquader und die Buchseinfassung des Bonsais müssen durch regelmäßigen Schnitt in ihrer akkuraten Linienführung erhalten bleiben. Das Moos findet unter dem dichtkronigen Amberbaum keine idealen Bedingungen und muss von Zeit zu Zeit ersetzt werden. Der Gartenprofi empfiehlt eine zweimalige Pflegeroutine im Jahr: »Das ist wichtig, um den beeindruckenden Zustand zu erhalten.«

Pflanzen

Wunder der Natur

Das Grün ist ihr Geheimnis

Pflanzen sind nicht einfach zufällig grün. Ohne das »Blattgrün«, den grünen Farbstoff Chlorophyll, wäre keine Photosynthese und kein Pflanzenleben möglich.

Warum fühlen sich die meisten Menschen von Grün angezogen, warum empfinden sie es als beruhigend und harmonisierend? Vielleicht liegt der Grund für dieses Ur-Vertrauen tief in der Evolutionsgeschichte verborgen. Ohne Pflanzen könnten wir Menschen nicht leben, ohne uns und den anderen tierischen Lebewesen könnten die Pflanzen nicht bestehen. Während wir bei der Energiegewinnung in den Zellen Sauerstoff verbrauchen

und Kohlendioxid abgeben, ist es bei den Pflanzen genau umgekehrt. Ohne die sauerstoffproduzierenden Pflanzen wären wir also nicht überlebensfähig.

Unser Garten, unser ganz persönlicher Garten Eden, wird von den Pflanzen, die wir auswählen und setzen, geprägt. Bei ihrer Zusammenstellung sind unsere ganz persönlichen Vorlieben gefragt, aber auch Kenntnisse um die Bedürfnisse der grünen Lebewesen.

Mystische Tropfen

Der Frauenmantel (*Alchemilla mollis*) gehört zu den beliebtesten Gartenpflanzen, ist er doch völlig unkompliziert und seine gelappten Blätter und duftig-gelben Blüten sehr schmückend. Besuchen Sie die Pflanze morgens: Dann kann man an den Blatträndern kleine Wassertropfen entdecken, die so genannten Guttationstropfen. Diese hat der Frauenmantel über seine Spaltöffnungen in den Blattspitzen ausgeschieden. Alchemisten nutzten diese Tropfen zur Herstellung des »Steins der Weisen«.

Streichelzarte Blätter

Manche Pflanzen verbergen ihr Blattgrün unter einer silbrig-weißen, filzigen Behaarung, meist eine Anpassung zur Regulierung des Wasserhaushalts. Es ist ein sinnliches Erlebnis, mit den Fingern über die Blätter zu streichen – dies schult unsere achtsame Aufmerksamkeit.

1 Der Wollziest (Stachys byzantina) wird ganz treffend auch Hasenohr oder Eselsohr genannt. Er liebt die Sonne und durchlässige, eher nährstoffarme Böden. Er gehört zu den mehrjährigen Stauden.

2 Das Weißfilzige Greiskraut (Senecio cineraria) stammt aus dem Mittelmeerraum und wird bei uns als einjährige Blattschmuckpflanze kultiviert. Schön in Pflanzgefäßen in Sitzplatznähe, wo man ihm und sich im Vorbeigehen eine Streicheleinheit gönnen kann.

1

Pflanzen durch Samen selbst vermehren

1. *Sammeln:* Schneiden Sie von den einjährigen Sommerblumen, die Sie auch im nächsten Jahr blühen sehen möchten, die Stiele mit den reifen Samenständen ab. Wenn Sie noch feucht sind, bündelt man die Stiele und hängt sie an einem trockenen Platz kopfüber zum Trocknen auf.

2. *Lagern:* Sind die Samenhüllen trocken, kann man die Samen herausschütteln oder durch vorsichtiges Klopfen aus den Schalen lösen. Anschließend bewahrt man sie in beschrifteten Kuverts oder Schraubgläsern an einem dunklen Ort auf.

3. *Aussäen:* Im Frühjahr sät man die Samen entweder in Anzuchtgefäße zur Vorkultur aus oder direkt an die gewünschte Stelle im Beet.

Pflanzensamen:
die Vielfalt bestaunen

Sie brauchen nicht in Melancholie zu verfallen, wenn ihre geliebten Blütenpflanzen vergehen: Aus jeder Blüte entstehen Samen und damit neues Leben. Lassen Sie ruhig einmal einige der verwelkten Blumen stehen und beobachten Sie über die nächsten Wochen, wie sich daraus der Samenstand entwickelt. Jede Art bildet eine für sie charakteristische Form heraus. Diese enthält einige wenige bis Hunderte Samenkörner, die den Fortbestand der Pflanze sichern. Um die Samen verbreiten zu können, verlassen sich viele Pflanzen auf den Wind und bilden dementsprechend zum Weitflug geeignete Anhängsel aus. Aber auch Tiere oder der Mensch werden schon einmal gerne als Transportmittel genutzt. Ein schönes Beispiel sind selbst haftende Kletten oder Schneeglöckchensamen, die sich von Ameisen wegtragen lassen.

1 Die federleichte Kapsel der Jungfer im Grünen (Nigella damascena) wird vom Wind oder vorbeistreifenden Tieren in Bewegung gesetzt und schleudert dann ihren Samen aus.

2 Die silbrigen, pergamentartigen Fruchtschoten des Silbertalers (Lunaria annua) sind eine ganz besondere Attraktion.

3 Bei den Korbblütlern wie den Disteln trägt jeder Same ein feines Schirmchen, das ihm hilft, vom Wind weggetragen zu werden.

Behende Kletterer

Manche Pflanzen streben hoch hinauf und rufen mit ihrem beharrlichen Aufwärtsstreben die Bewunderung von uns Gärtnern hervor.

Wissen Sie eigentlich, wie Ihre Clematis es schafft, sich meterhoch am Spalier in die Höhe zu winden? Nehmen Sie sich einmal ganz bewusst die Zeit und verfolgen Sie den Weg Ihrer Kletterqueen nach oben. Man kann erkennen, dass es die Blätter sind, die ihre biegsamen, dünnen Enden um die Rankhilfe winden. In der Natur hält sie sich an den Zweigen der Gehölze fest und kann so mit Leichtigkeit emporklimmen Ist es nicht ein Wunder, dass solch zarten Gebilde die üppig blühende und beblätterte, reich verzweigte Pflanze halten können? Möglich macht dies nur die Summe der Ranken. Ein Gedanke, der es wert ist, auf unser Leben übertragen zu werden: ist es nicht die Summe unserer vielen Charaktereigenschaften, die uns unsere Stärke verleiht?

Im Garten sind Kletterpflanzen die erste Wahl, wenn es gilt, lauschige, intime Ecken zu schaffen. Sie sind es, die Pergolen, Lauben und Sichtschutzwände begrünen und ein natürliches Ambiente schaffen, das uns Geborgenheit vermittelt.

1 *Manchmal muss man sich den Rückhalt auch bei sich selbst holen. In Ermangelung anderer Kletterhilfen halten sich diese zarten Ranken an ihresgleichen fest. Deshalb sollte man Kletterpflanzen immer eine Rankhilfe zur Verfügung stellen.*

Die schönsten Kletterpflanzen

Mehrjährige Kletterpflanzen, die eine Kletterhilfe benötigen und prächtige Blüten bilden:
Clematis (Bild oben) · Akebie · Tropetenblume · Kletterrose · Geißblatt · Blauregen

Mehrjährige Kletterpflanzen, die einen dichten Blättermantel bilden:
Efeu · Kletterhortensie · Wilder Wein (brauchen keine Kletterhilfe) · Pfeifenwinde · Wein (brauchen eine Kletterhilfe)

Einjährige Kletterpflanzen, brauchen eine Kletterhilfe:
Duftwicke (Bild unten) · Glockenrebe · Trichterwinde · Schwarzäugige Susanne · Kapuzinerkresse · Sternwinde

Gräser: Spielgefährten des Windes

Sie wirken federleicht und sind doch robuste Partner im Garten. Wer sich nach Leichtigkeit und Unbeschwertheit sehnt, sollte unbedingt Gräser pflanzen.

Wie geht es Ihnen beim Anblick eines ausladenden Chinaschilfs, dessen Blüten fontänengleich in den Himmel streben? Fühlen Sie, welche Energie von dieser Pflanze ausgeht? Gräser sind keine zurückhaltenden Pflanzen, wenn sie die Gartenbühne betreten, wird es lebendig: der Wind wispert in ihren Halmen, sie rascheln unaufhörlich und sind ständig in Bewegung. Mit Leichtigkeit nehmen sie uns Gärtner für sich ein, weil sie all unsere Sinne anregen. Und wenn man nach einem anstrengenden Tag nach Hause kommt, genügen einige Minuten in ihrer Nähe, um wieder neue Energie zu tanken.

Für einen privaten Rückzugsort im Garten sind Gräser eine sehr gute Wahl. Man kann sich hinter ihrem ausladenden Wuchs gut verstecken und ist in ihrer Gesellschaft doch nie einsam, weil sie immer etwas zu erzählen haben.

Entdeckenswerte Gräserdetails

Die Gruppe der Gräser ist äußerst vielgestaltig. Sie wird unterteilt in Süßgräser, Sauergräser und Binsengewächse. Eine besonders gartenrelevante Gruppe der Süßgräser sind die immergrünen Bambusse. Viele von ihnen wachsen zu beeindruckenden Riesen heran, die stilistisch vor allem in fernöstlich gestaltete Gärten passen.

1 Federborstengras

Seine flauschigen, ährenförmigen Blütenstände bilden sich ab Juli und erheben sich fontänenartig aus dem Gräserhorst.

2 Bambus

Typisch sind seine in Knoten und Zwischenstücke (Internodien) unterteilte Halme, die je nach Art auch schwarz oder gelb gefärbt sein können. Sie verholzen, sind innen hohl und sehr stabil.

3 Chinaschilf

Aus den schilfartigen Blatthorsten entwickeln sich Federfahnen, die silbern oder rötlich schimmern.

*I*hre Jahreszeit ist der Spätsommer und Herbst, denn dann zeigen sich Gräser von ihrer schönsten Seite. Dank ihres harmonischen, ausladenden Wuchses eignen sie sich sowohl für Einzelstellungen als auch für Beete und Rabatten. Hier sind sie den Stauden und auch Rosen angenehme Begleiter. Zwar fallen sie mit ihren Formen und Strukturen auf, halten sich aber farblich angenehm zurück.

Gräser erinnern uns Gärtner daran, dass es auf mehr als die Schönheit der Blüte ankommt und fordern uns auf, genauer hinzusehen. In ihrer Zurückhaltung bei gleichzeitiger Präsenz klingt Natürlichkeit mit, die jede Staudenkombination aufwertet. Wenn selbst die letzten Blüher ihren Zenit überschritten haben, sind es die Gräser, die einem Beet oder einer ruhigen Gartenecke immer noch Dynamik und Lebendigkeit

verleihen. Dies gilt auch in besonderem Maße für die kalte Jahreszeit, wenn der Garten in Winterschlaf fällt. Nach einer frostigen Nacht locken uns die mit Raureif überzuckerten Ähren nach draußen, lassen uns angesichts der Schönheit staunen und schenken uns die Hoffnung, dass der Garten weiterlebt.

Im Gräserwald

1 Dieser Platz hat alles, was man für ein persönliches Refugium braucht: eine gemütliche Bank, die von den Gehölzen dahinter Rückendeckung bekommt, einen Teich, in dem es viel zu entdecken gibt und die Musik der Gräser, die uns mit ihrem Wispern und Säuseln auf unseren Gedankenreisen begleitet.

2 Die hohen Chinaschilf-Horste sind geschickt entlang des geschwungenen Weges platziert und verbergen die Sicht auf das Kommende. Bei jedem Begehen ist man aufgefordert, auf seine Schritte zu achten. Gerne streift man im Vorbeigehen an den filigranen Grashalmen, die uns wippend willkommen heißen.

Mit Pflanzen gestalten

Erst die Pflanzen machen einen Garten lebendig. Sie sind die Seele unseres Refugiums und sollten daher mit viel Bedacht ausgewählt und kombiniert werden.

Pflanzen transportieren Stimmungen und entscheiden darüber, ob wir uns in unserem Garten wohl fühlen. Oftmals lässt man sich beim Aussuchen von prächtigen Blüten oder besonderen Formen verführen, um dann erst beim Einpflanzen festzustellen, dass die gewählte Art so gar nicht an den vorgesehenen Platz passt. Sie können diesen Fehler umgehen, indem Sie sich vor dem Kauf ausführlich mit Pflanzenkombinationen beschäftigen.

Fangen Sie ruhig mit einer kleinen Ecke an, die Ihr ganz persönlicher »happy place« werden soll. Eine wertvolle Hilfe kann dabei das Zusammenstellen eines »Moodboards« sein. Blättern Sie Gartenzeitschriften durch und schneiden Sie die Bilder aus, deren Szenerie und Pflanzen Ihr tiefstes Inneres ansprechen. Nehmen Sie dann Buntstifte zur Hand und malen Sie Ihre liebsten Farben dazu. Dann geht es darum, herauszufinden, welche Pflanzenarten diese Eigenschaften besitzen und zu überprüfen, ob sie mit den gegebenen Standortbedingungen klarkommen.

Farbenpracht für sonnige Standorte

Für Beete und Rabatten, die in der Sonne liegen, gibt es eine reiche Vielfalt an Stauden und Sommerblumen, die sich für diesen Standort eignen. Gedämpfte, weiche Farbtöne und pastellfarbene Blüten schaffen eine ruhige Atmosphäre, verlieren im grellen Sonnenlicht jedoch etwas von ihrer Wirkung. Abhilfe bringt hier die Kombination mit weißen und silberlaubigen Arten, um den Pastelltönen mehr Tiefe zu verleihen.

1 Schließen Sie die Augen und begeben Sie sich auf eine Gedankenreise zurück in Ihre Kindheit. Haben Sie einen bestimmten Duft in der Nase, wenn Sie sich eine Gartenszenerie in Erinnerung rufen? Vielleicht sind es die würzigen Kräuter, die in Großmutters Bauerngarten wuchsen? Mit einer Kombination aus Kräutern entlang des steinigen Weges können Sie diese Duft-Erinnerung tagtäglich aufleben lassen.

2 Die bunten Farben dieser Hangbepflanzung leuchten im Sonnenlicht besonders kräftig. Wer sich nicht auf bestimmte Farbharmonien festlegt, ist für alles offen. Gehören Sie zu den Menschen, die Ihre Kraft aus der kindlichen Fröhlichkeit ziehen, die bunte Farbkombinationen ausstrahlen? Dann sollten Sie mutig sein und Ihrem Farbgefühl vertrauen.

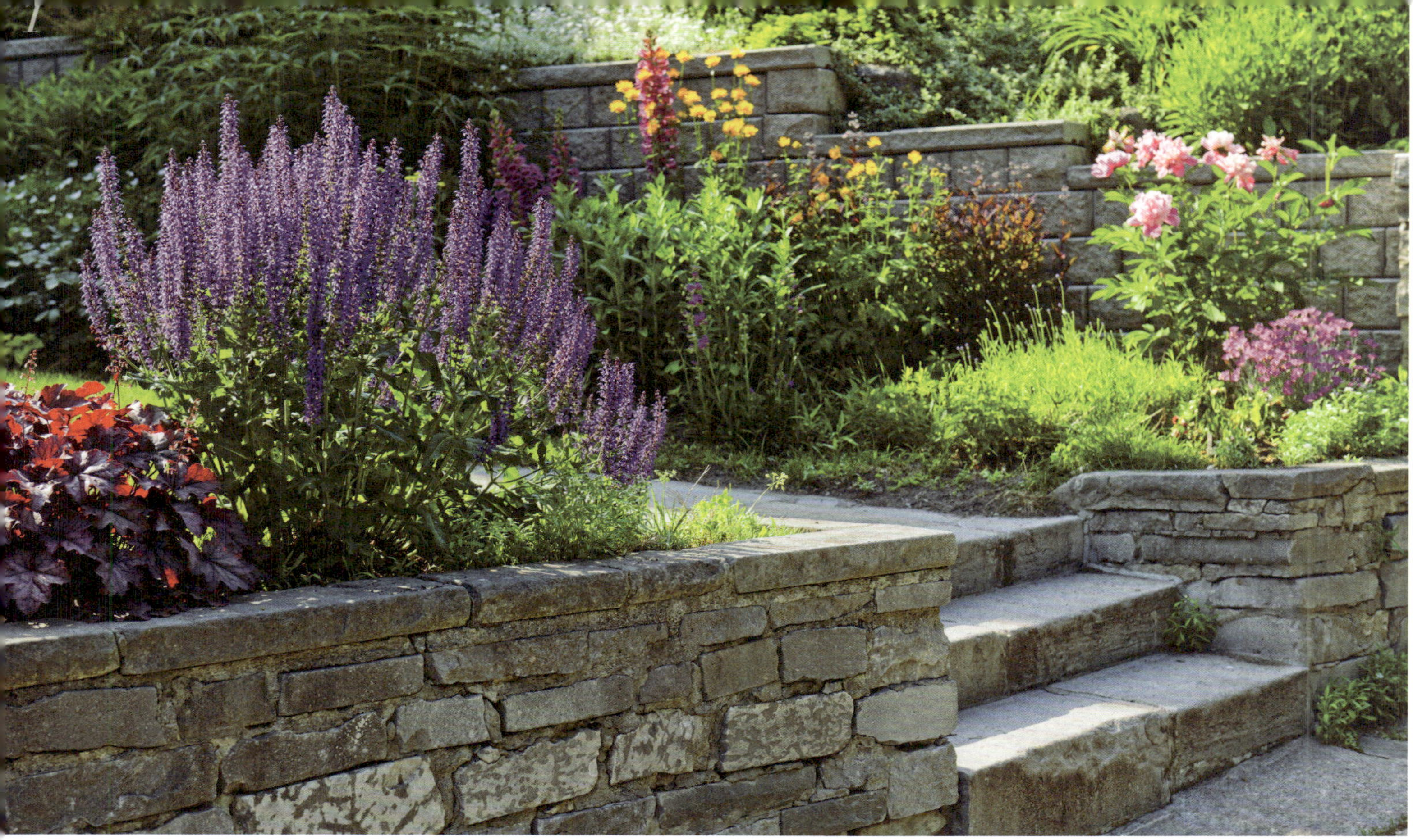
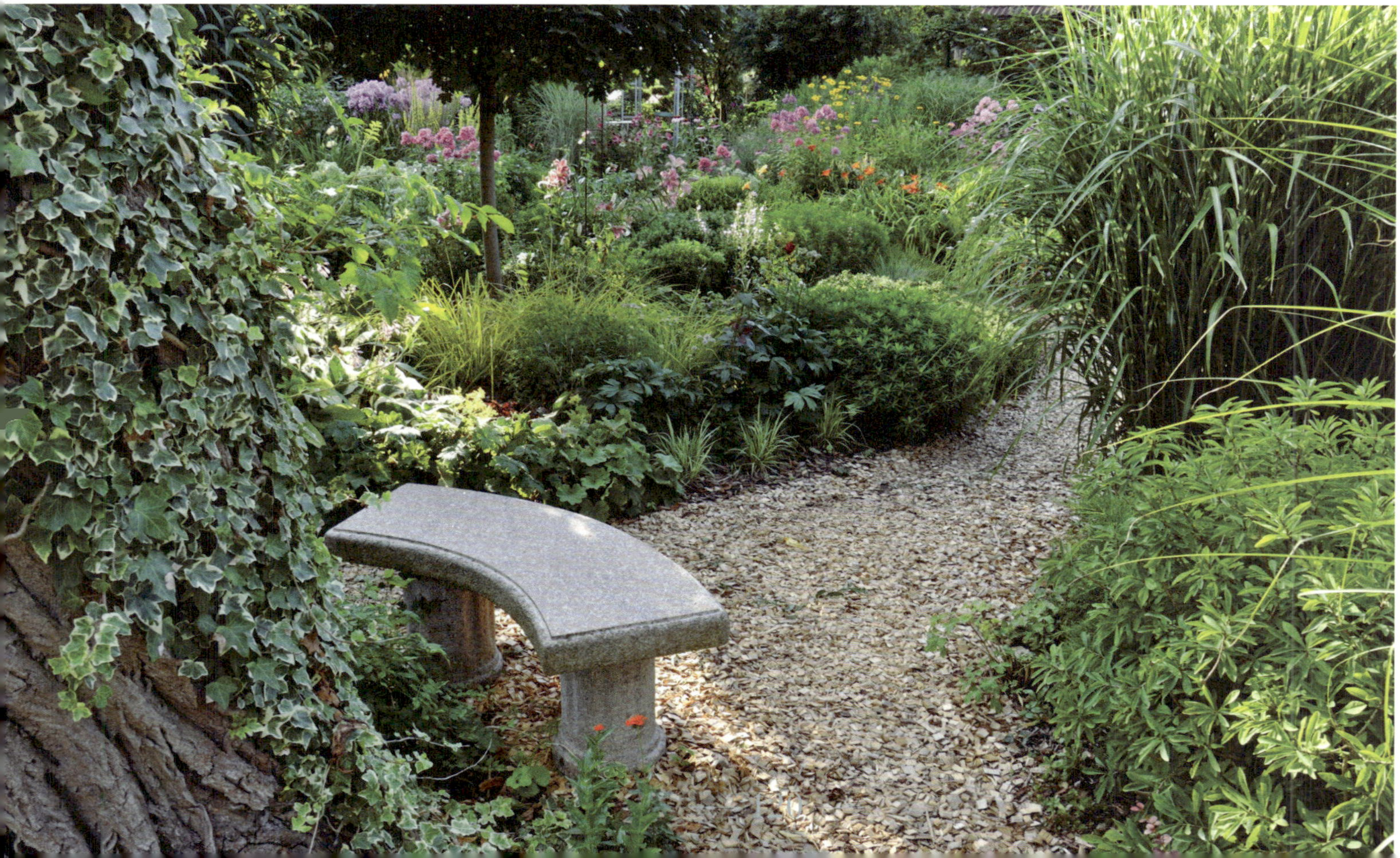

Ihr ganz persönliches Gartenzimmer

Besondere Orte verlangen nach besonderen Gestaltungen. Wenn Sie Ihre Rückzugsecke im Garten gefunden haben, sollte die Bepflanzung so gewählt werden, dass sie Ihren Weg zur inneren Einkehr unterstützt. Planen Sie langfristig: Sie möchten diesen Bereich die ganze Gartensaison über, wenn möglich, sogar das ganze Jahr nutzen.

Gehölze und Immergrüne geben Struktur. Sie sind wie treue Freunde, die immer da sind, wenn man sie braucht. Kletterpflanzen und Gräser verleihen besonderes Flair und fördern die Kontemplation, weil Sie uns die nötigte Intimität verschaffen. Stauden und Sommerblumen sind das Sahnehäubchen, sie spiegeln unsere Farbvorlieben wider. Und auf keinen Fall sollten Sie duftende Pflanzen vergessen: Sie werden die Atmosphäre, die diesen Ort umfängt, für immer prägen.

1 *Die farbstarke Bepflanzung der beiden Rabatten entlang des Weges lockt den Gärtner förmlich zur Treppe hin. Geht man die Stufen hinab, betritt man den Senkgarten, wo man räumlich abgetrennt vom übrigen Geschehen seinen Rückzugsort gestalten kann. Wie er wohl aussehen mag? Schließen Sie die Augen und malen Sie sich aus, wie Sie ihn gestalten würden.*

2 *Dies ist ein Platz, an dem man sich vortrefflich zurückziehen kann. Im Unterschied zur übrigen Bepflanzung wird hier auf auffällige Blütenfarben verzichtet. Nichts lenkt ab, alles wirkt ruhig und gelassen. Das hohe Chinaschilf schirmt vor direkten Einblicken ab, der efeubewachsene Baumstamm im Rücken des Bänkchens vermittelt Stärke und Geborgenheit.*

Mit Deko-Elementen Akzente setzen

1. Ihre Lieblingsfarben sind Blau und Rosa? Dann pflanzen Sie Stauden in diesen Farben in Ihre Meditationsecke! Und achten Sie darauf, dass die ganze Saison etwas in dieser Farbkombination blüht.

2. Die Büste war ein Geschenk, die Amphore ist ein Urlaubsmitbringsel und die Findlinge sind Fundstücke von Wanderungen. Dekorieren Sie Ihre Lieblingsecke mit Dingen, die Ihnen etwas bedeuten.

Schattige Ecken

Sie können sich glücklich schätzen, wenn in Ihrem Garten ein Schattenplatz darauf wartet, zu Ihrer Ecke gestaltet zu werden.

Dem Schatten unter Bäumen wohnt ein besonderer Zauber inne: Das grüne Blätterdach filtert das Sonnenlicht, sodass die Farben gedämpfter erscheinen, die Luft ist merklich kühler und feuchter und alles wirkt ruhiger und gelassener. Ideal also, um sich hierhin zu Meditationsübungen oder für einen ruhigen Moment der Selbstbesinnung zurückzuziehen.

Ein alter Baumbestand im Garten sorgt für eine waldähnliche Atmosphäre.

Diese kann man sich zunutze machen und den Eindruck mit Farnen und moosbewachsenen Flächen verstärken. Als Sitzplatz bietet sich ein Baumstamm an, der sich wie selbstverständlich in diese Umgebung eingliedert. Wenn es um die Wahl des Wegebelags geht, sollte man bedenken, dass Holz an schattigen Plätzen mit der Zeit rutschig werden kann. Kies ist in diesem Fall die bessere Wahl und passt wunderbar in die Waldszenerie.

Auf Wiederholungen setzen

Um die entspannte Atmosphäre im Schattengarten nicht durch unruhige Pflanzenkombinationen zu durchbrechen, sollte man sich auf einige ausgewählte Arten beschränken. Sie lieben Funkien? Dann wagen Sie es ruhig und pflanzen Sie ein ganzes Meer davon! Hier säumen sie einen Treppenaufgang und sorgen für einen weichen Übergang.

Blüten im Schatten

Mit üppiger Blütenfülle sollte man im Schattengarten zurückhaltend sein, aber gezielt gesetzte Blütentupfer zaubern eine märchenhafte Szenerie.

1 *Die Etagenprimel blüht von Juni bis August und wird bis zu 50 cm hoch. Sie liebt humusreiche, kühle und luftfeuchte Plätze im lichten Schatten.*

2 *Das Leberblümchen (Hepatica nobilis) gehört zu den Zwiebelblumen und spitzt schon ab Februar aus der Erde. Bis April erfreut es uns mit seinen blauen Blüten, die auf 15 cm hohen Stielen sitzen.*

Spiegel der Jahreszeiten

Die Pflanzenwelt im Garten wandelt sich im Lauf eines Jahres ständig und lehrt uns, jeden einzelnen Moment zu genießen.

Frisch treiben die jungen Blätter aus der Knospe der Strauch-Päonie. Sie sind noch ziemlich knittrig und vom langen Winterschlaf röt ich überlaufen, aber sie schenken uns ein Gefühl der Erwartung und Vorfreude auf die kommende Blütensaison. Sich öffnende Knospen, zart sprießendes Grün und erste blühende Zwiebelblumen – ist es ein Wunder, dass die meisten Menschen den Frühling als ihre liebste Jahreszeit benennen?

Es ist leicht, den Frühling zu mögen, denn er bedeutet Aufbruchstimmung und zeigt uns, dass es immer wieder einen Neuanfang gibt. Als Gärtner hat man es gut, denn man muss nur seine Pflanzen besuchen, um das Wunder des Neuaustriebs zu bestaunen. Die Pflanzen lehren uns im Hier und Jetzt zu leben. Versuchen Sie diese Einsicht immer in sich zu tragen – auch wenn es später im Jahr schwer fällt, Abschied vom Sommer zu nehmen oder man weiß, dass nach dem feurigen Herbstspektakel graue und trübe Wintermonate kommen werden.

Sommerfreuden

Die Sommermonate beschenken uns mit einer üppig blühenden Vielfalt. Man kann durch den Garten gehen und an jeder Ecke blühende Stauden und Sommerblumen entdecken. Damit die Fülle Fortbestand hat, sollten Sie den Blumen achtsam begegnen. Geht es ihnen gut? Müssen vielleicht die verwelkten Rosenblüten zurückgeschnitten werden, damit die neuen Knospen genügend Energie zum Aufblühen sammeln? Lässt die Hortensie die Blätter hängen, weil sie an einem heißen Tag sehr viel Wasser verdunstet hat?

Schneiden Sie sich einige Blütenstiele für die Vase, dann können Sie die Blütendetails aus nächster Nähe bewundern. Und teilen Sie die Freude daran, indem Sie einem Nachbarn oder Freund einen Sommerstrauß schenken!

1 *Schmuckkörbchen (Cosmea) sind die Bütentänzerinnen im Beet. Die anmutigen Einjährigen lassen sich leicht durch Direktaussaat im Beet ansiedeln.*

2 *Bei aufmerksamer Beobachtung der Ringelblume (Calendula) kann man das Wetter vorhersagen: Faltet sie ihre Blüten zusammen, kündigt sich schlechtes Wetter mit Regen an.*

3 *Noch ein Schmuckkörbchen (Cosmea), diesmal in Rosa. Von vielen Blumen gibt es verschiedene Farbsorten, die unterschiedliche Gestaltungen erlauben.*

Herbstzauber

Wenn der Herbst ins Land zieht, wandeln sich die Farben im Garten. Morgens und abends ist es spürbar kühler und die ersten Pflanzen färben ihre Blätter. Genießen Sie diesen Wechsel der Jahreszeit mit vollen Zügen. Ziehen Sie sich an Ihren Lieblingsplatz zurück, suchen Sie sich hier eine von der milden Herbstsonne beschienene Stelle und schließen Sie die Augen. Können Sie den Herbst riechen, können Sie ihn fühlen? Hören Sie, wie sich die Amseln in den Zweigen um die Beeren zanken? Wenn Sie sich auf diese Wahrnehmungen konzentrieren, werden Sie schnell merken, wie Sie zur Ruhe kommen.

1 *Leuchtend orangefarbene Beeren und graugrüne, weidenähnliche Blätter machen aus dem Sanddorn einen Hingucker. Damit sich Beeren bilden, muss man männliche und weibliche Exemplare pflanzen.*

2 *Die Fruchtstände von Korbblütlern und Gräsern oder manchen Rosengewächsen wie dieser Silberwurz (Dryas octopetala) werden von den tiefer stehenden Strahlen der Herbstsonne zauberhaft beleuchtet, sodass man jedes einzelne Härchen erkennen kann.*

3 *Ahorne gehören zu den schönsten laubfärbenden Gehölzen überhaupt. Es ist eine Freude, die verschiedenen Farbabstufungen zu entdecken.*

Auch der Winter kann Auge und Gemüt etwas bieten, vorausgesetzt, Sie lernen ihn und seine Stille wertzuschätzen.

Machen Sie es sich zur Angewohnheit, auch während der kalten Jahreszeit regelmäßig einen Gartenrundgang zu machen. Sie werden staunen, was es alles zu entdecken gibt! An einem frostigen Morgen kann kann man die Eiskunstwerke bewundern, die der Raureif aus den verbliebenen Beeren und Blättern gemacht hat. Fassen Sie ein Blatt an, fühlen Sie, wie trocken und zerbrechlich es ist. Dankbar über die Schönheit des Vergänglichen erinnern wir uns, wie saftig grün das Blatt den ganzen Sommer über war. Es hat den Baum genährt und ihn wachsen lassen. Jetzt hat es seine Aufgabe erfüllt und schenkt uns einen wertvollen Moment der Freude.

Mit Aufmerksamkeit besuchen wir unsere schlafenden Pflanzenschätze. Registrieren, wie stark die Menge der Kornelkirschen am Strauch abgenommen hat – da waren wohl hungrige Vögel zu Besuch, schauen nach, ob die Winterabdeckung über den Veredelungsstellen der Hochstammrosen sitzt. Denn: »Du bist zeitlebens für das verantwortlich, was du dir vertraut gemacht hast« (Antoine de Saint-Exupéry).

BUNTE BLUMENWIESE

*E*s gibt kaum jemanden, der sich dem Zauber einer blühenden Blumenwiese entziehen kann. Ihr Anblick ruft in uns die Erinnerung an unbeschwerte Sommertage hervor. Inmitten eines Gartens, wo alle Bereiche von Menschenhand geschaffen, geordnet und gestaltet worden sind, zeigt uns eine Blumenwiese die wilde Schönheit der Natur.

Ein guter Anfang ist es, eine Blumeninsel inmitten oder am Rand einer Rasenfläche anzulegen. Als Zeitraum für die Aussaat eignen sich die Monate März bis Mai. Der Standort sollte in voller Sonne liegen und der Boden für eine artenreiche Magerwiese trocken und nährstoffarm sein. Um den Boden abzumagern, muss man zuerst die Rasennarbe und die gut gedüngte Humusschicht darunter entfernen. Das gelingt am besten mit einem scharfen Spaten. Anschließend lockert man den Boden mit einer Grabegabel und arbeitet dabei Sand oder feinen Kies ein, um den Nährstoffgehalt zu reduzieren. Zum Abschluss ebnet man die Fläche mit einem breiten Rechen ein.

Jetzt kann man die gewählte Blumenwiesenmischung breitwürfig und gleichmäßig aussäen. Als Anhaltspunkt gelten fünf bis acht Gramm Saatgut pro Quadratmeter. Es genügt dann, die Samen flach in den Boden einzuharken, bevor man sie mit einer Rasenwalze oder Fußbrettern leicht verdichtet. Wässern Sie das Saatbett gründlich und halten Sie es auch in den nächsten vier bis sechs Wochen stets feucht, damit die Samen schnell keimen und anwachsen.

Im ersten Jahr sollten Sie ruhig dreimal mit der Sense mähen, um die Unkräuter zu unterdrücken und das Wachstum der Wiesenblumen zu fördern. Später genügt eine einmalige Mahd im September.

Heimische Wiesenblumen:

- Glockenblume *(Campanula rotundifolia)*
- Skabiosen-Flockenblume *(Centaurea scabiosa)*
- Karthäusernelke *(Dianthus carthusianorum)*
- Echtes Labkraut *(Galium verum)*
- Ackerwitwenblume *(Knautia arvensis)*
- Wiesenmargerite *(Leucanthemum vulgare)*
- Ausdauernder Lein *(Linum perenne)*
- Hornklee *(Lotus corniculatus)*
- Schlüsselblume *(Primula veris)*
- Wiesensalbei *(Salvia pratensis)*

Meditationsübung

———

BLUMEN-MANDALA

1. Suchen Sie bei einem Gartenrundgang verschiedene Pflanzenteile zusammen, die Sie besonders schön finden und die für Sie die Jahreszeit symbolisieren. Unser Beispiel entstand im Herbst mit färbenden Laubblättern, die man auf dem Boden findet, den winzigen Beeren der Berberitze und den letzten Rosenblüten.

2. Auf fester Unterlage, es kann ein Brett oder ein Tisch oder ein flacher Stein sein, beginnen Sie Ihr Blumenbild zu legen. Achten Sie darauf, dass der Platz windgeschützt ist! Am besten fängt man mit dem äußeren Kreis an. Merken Sie, dass jedes Blatt einzigartig ist? Auf den ersten Blick gleichen sich die Blätter, doch ist jedes ein Individuum für sich.

3. Während Sie konzentriert Blätter und Blüten so aneinander legen, dass ein symmetrisches Bild entsteht, werden Sie merken, dass Sie immer ruhiger werden. Fokussiert aufs eigene Handeln vergisst man die Umwelt ringsum. Und am Ende hat man etwas geschaffen, das die Schönheit der Natur wiederspiegelt. Zwar vergänglich, aber im Hier und Jetzt ein Quell der Freude.

„Ein Menschheitstraum:
Die Erde in einen blühenden
Garten zu verwandeln.
Wer Träume verwirklichen will,
muss tiefer träumen und
wacher sein als andere."

Karl Foerster

Mit den Pflanzen in Kontakt treten

Ein Rosengarten in Paderborn

»Wenn es den Rosen gut geht, geht es dem Garten gut«, erzählt *Brigitte Bergschneider. Die ausgebildete Hypnotherapeutin weiß, wie sie sich selbst in einen Zustand der Achtsamkeit bringt, in dem sie dann die Befindlichkeiten ihrer Pflanzen wahrnimmt. Wer durch ihr reich blühendes Paradies spaziert, erkennt, dass da etwas dran sein muss.*

1 *Rosen, wohin das Auge blickt. Ihre Vielfalt zeigt schön, welche Farben den Garten prägen: Spirituelles Violett, Weiß und Rosa. Das Buchsrondell wird von der wuchsstarken Kletterrose 'Laguna' überrankt.*

*E*s war ein Rosenstrauch auf dem Bauernhof ihrer Familie, der den Grundstein für Brigitte Bergschneiders Rosenliebe legte. Als sie ihren eigenen Garten anzulegen begann, war klar, dass darin Rosen die Hauptrolle spielen würden. In Form geschnittene Buchsbäume übernehmen die Rolle der Strukturgeber und die Auswahl der Stauden und Sommerblumen orientiert sich in Farben und Formen an der Königin der Blumen.

Macht ein derart blütenreicher Garten nicht viel Arbeit? »Nein«, versichert die Gärtnerin, »es gibt zwar arbeitsintensive Zeiten wie den März, wenn ich den Boden harke und Unkräuter rausziehe, außerdem noch den Herbst. Ansonsten dürfen sich die Einjährigen aussamen und Staudenhalter, die mein Mann aus Baustahl selbst gebaut hat, machen das Stäben und Aufbinden der Pflanzen überflüssig.« Fürs Rasenmähen ist übrigens auch ihr Mann zuständig: »Das ist seine Art der Entspannung«, erzählt sie mit einem Augenzwinkern.

Wohlfühl-Elemente für individuelles Gartenglück

Brigitte Bergschneider ist eine Suchende: die gelernte Krankenschwester hat zahlreiche Zusatzausbildungen absolviert, weil sie die Zusammenhänge der körperlichen und geistigen Gesundheit ergründen und ihren Klienten ganzheitlich helfen möchte. Durch eine Hypnoseausbildung hat sie gelernt, sich selbst in einen achtsamen Zustand zu versetzen, in dem alle anderen Gedanken wegfallen. Ihr Garten ist dabei ihre Rückzugsinsel. Für ihre Familie und ihr äußeres Wohlbefinden ist es ihr wichtig, dass er wohnlich und sehr persönlich gestaltet ist.

1 *Die Wasserglocke im formalen Teich ist Musik für Brigitte Bergschneiders Ohren. Vor der Auswahl hat sie sich verschiedene Modelle in Betrieb angeschaut: Ein Sprudler wäre ihr viel zu laut und unruhig gewesen. Die Wasserglocke ist mit ihrem sanften Geplätscher perfekt.*

2 *Dlm Pavillon steht ein großer runder Tisch, an dem die ganze Familie Platz findet. Mit Kerzenleuchter und stets frischen Blumen ist er wohnlich eingerichtet. Eine üppige zartrosa blühende Kletterrose 'Madame Alfred Carrière' berankt die Streben und sorgt für angenehme Kühle.*

Rosenüberrankte
Lieblingsplätze

1 Das Gartenhäuschen ist der Lieblingsplatz der Familie. Wenn man hier sitzt, öffnet sich der Blick auf den großen Teich mit den Seerosen und der Wasserglocke. Bei Regen kann man sich ins Innere zurückziehen.

2 Gleich neben der Sitzgruppe liegt der wilde Naturteich. Hier spielt sich das Leben ab: Es entspannt ungemein, den Vögeln beim Baden zuzusehen und sich in seinen Tierbeobachtungen zu verlieren.

In diesem Jahr hat Brigitte Bergschneider noch mehr Alliums gesetzt: »Mich faszinieren ihre runden Blütenköpfe und ihre Farbe.« In der Farbsymbolik steht Violett für materiellen und geistigen Reichtum. »Mich interessiert vor allem der geistige«, schmunzelt die Gärtnerin. Zum Violett kombiniert sie am liebsten weiße Blüten, die als Verstärker wirken. Das Rosa der vielen Fingerhüte und Sterndolden gesellt sich immer von alleine dazu, weil sich diese Pflanzen selbst aussäen dürfen.

Jeder Garten entwickelt sich mit den Menschen, davon ist Brigitte Bergschneider überzeugt. »Wenn ein Garten dem Seelenleben des Gärtners entspricht, strahlt er Harmonie aus. Durch Achtsamkeitsübungen kann man lernen, Kontakt mit der eigenen Seele aufzunehmen und zu sich selbst finden.« Sie selbst sehnt sich augenblicklich nach mehr Leichtigkeit im Leben und im Garten und hat Gräser für sich entdeckt. Besonders angetan hat es ihr das Weißbunte Chinaschilf (*Miscanthus*

sinensis 'Morning Light'): Es wächst eher aufrecht, blüht nicht und sieht sehr elegant aus. »Ein idealer Begleiter zu meinen Rosen.«

Für die Gesundheit ihrer Rosen bedient sich die Pflanzenkennerin ausschließlich natürlicher Mittel. Ihr »Wundermittel« ist ein aminosäurehaltiger, organischer Blattdünger, mit dem sie ab dem Frühjahr ihre Rosen und Stauden behandelt.

*D*er Bauerngarten mit den geschnittenen Buchsbäumen und der bunten Blütenpracht besitzt besonders starke Energie. Das empfindet jedenfalls eine Hamburger Schauspielerin so. Sie besuchte vor einigen Jahren im Rahmen einer Offenen Gartenpforte Brigitte Bergschneiders Garten. Beim Betreten des Bauerngartens fühlte sie sich sofort entspannter und glücklicher. Seitdem schaut sie jedesmal, wenn sie in Paderborn gastiert, hier vorbei. »Sie setzt sich dann auf die Bank unter der Rose 'Lykkefund' und tankt neue Energie«, erzählt die einfühlsame Gärtnerin.

Auch sie selbst schätzt diesen Gartenteil sehr. »Morgens belagern die Vögel die Vogeltränke und abends kann man hier immer eine Fledermaus beobachten, die wohl im Stamm unseres abgestorbenen Apfelbaums wohnt. Also lassen wir ihn erst einmal stehen.« Hier, im hinteren Teil des Gartens, hört man kein Telefon und Brigitte Bergschneider kann ihre ganze Aufmerksamkeit ihren Pflanzen widmen.

Der Garten kann zur Hauptblüte der Rosen im Juni und nach vorheriger Absprache besichtigt werden.

1 Vogeltränke und Insektenhotel sorgen auch im Bauerngarten dafür, dass viele Tiere angelockt werden. Die nahezu stachellose Kletterrose 'Lykkefund' ist eine höchst angenehme Sitzbank-Überdachung.

Interessante Literatur zum Thema

Čapek, Karel: Das Jahr des Gärtners
Schöffling & Co., Frankfurt am Main 2010

Hess, Wolfgang: Geheimnisse japanischer Gartenkunst
Buschfeuer Verlag, Langenzersdorf 2016

Kabat-Zinn, Jon: Im Alltag Ruhe finden
Knaur MensSana, München 2015

Locher, Reto: Meditatives Gärtnern
Commcare, Basel 2006

Parucha, Norbert: Meditatives Wandern
Ullstein Buchverlage, Berlin 2014

Redwood, Ark: Gärtnern in Achtsamkeit
Naturaviva, Weil der Stadt 2015

Syren, Stefanie: Achtsam gärtnern
BLV Buchverlag, München 2016

Thich Nhat Hanh: Ich pflanze ein Lächeln
Goldmann Verlag, München 1992

Kontaktdaten zu den Gartenporträts im Buch

Zenkloster Liebenau
Dr. Wolfgang Hess
Schloss Eickhof
31618 Liebenau
www.zenkloster-in-liebenau.de
www.japan-garten-kultur.de
(Buch Seite 16 ff.)

»Der Garten des Augenblicks«
Christian Otto
Chefdesigner der Königlichen Gartenakademie
Altensteinstraße 15a
14195 Berlin-Dahlem
www.koenigliche-gartenakademie.de

Otto & Partner Landschafts- und Gartendesign
Charles-H.-King-Straße 17
14163 Berlin
info@christian-otto.net
(Buch Seite 46 ff.)

Brigitte Bergschneider
Elsenerstrasse 68
33102 Paderborn
www.garten-bergschneider.de
(Buch Seite 134 ff.)

Bezugsquellen und weitere Infos

Moosmatten (Buch Seite 54):
Vertiko GmbH
Vertikalbegrünungskonzepte
Stegener Straße 19
79199 Kirchzarten
www.vertiko-gmbh.de

Baumhaushotels (Buch Seite 73):
können Sie z. B. hier entdecken:
www.baumhaushotel.tips
www.tiny-houses.de/baumhaus/baumhaushotel

Bildnachweis

Karin Heimberger-Preisler, Diplom-Biologin, hat schon bald nach ihrem Studium mit dem Schreiben über Pflanzen- und Gartenthemen begonnen. Regelmäßig arbeitet sie für führende Gartenzeitschriften, besonders gerne schreibt sie Porträts über Gärtner und ihre Refugien. In ihrem blumigen *Greenfingers Studio* veranstaltet sie regelmäßig Kreativkurse.

www.greenfingers-munich.com

Danken möchte ich …

… Dr. Thomas Hagen für die Idee zu diesem Buch und die anregende und unkomplizierte Zusammenarbeit
… Susanne Hermann für das wunderbar luftige Layout
… Brigitte Bergschneider, Dr. Wolfgang Hess und Christian Otto für die intensiven Gespräche und ihre Offenheit
… meiner Familie: Wie schön, dass es euch gibt!

Impressum

Verlagsgruppe Random House
FSC® N001967

1. Auflage
Copyright © 2017
Deutsche Verlags-Anstalt, München, in der Verlagsgruppe Random House GmbH
Neumarkter Straße 28
81673 München

Grafische Gestaltung und Layout:
Susanne Hermann, DVA
Lithografie: Helio Repro, München
Druck und Bindung: aprinta druck, Wemding
Dieses Buch wurde auf dem FSC®-zertifizierten Papier *Tauro* gedruckt.

Printed in Germany
ISBN 978-3-421-03969-9
www.dva.de